*내 이름은 명국이

*내 이름은 명국이

1쇄 찍음 / 2006년 9월 5일
1쇄 펴냄 / 2006년 9월 10일

지은이 / 박명숙
펴낸이 / 김태봉
편 집 / 황은진, 김주영, 정종우
마케팅 / 박상필, 김미란, 이준혁
등 록 / 제4-414호
펴낸곳 / 도서출판 띠앗
(143-200)주소 / 서울시 광진구 구의동 243-22
전화 / (02)454-0492, 팩시밀리 (02)454-0493
HomePage http://ddiat.co.kr
E-mail ddiat@ddiat.co.kr

값 9,000원

ISBN 89-5854-041-9 03810

내 이름은 명국이

박명숙 지음

도서출판 띠앗

머리말

사람은 갑자기 상처를 입으면 "아야!" 하고 소리 지릅니다.

이렇게 외치고 나면, 그 통증이 줄어드는 것 같습니다.

또 아플 때, 끙끙거리며 앓는 소리를 내고 나면 그 아픔도 조금은 줄어드는 것 같습니다.

나는 거창한 삶을 원한 것도 아니었고, 가끔은 거실 가득히 내려앉는 조용한 햇빛 속에서 지난 이야기를 쏟으며 오래도록 함께 웃을 수 있는 그냥 작은 필부필부의 삶을 원했습니다.

남편이 떠난 나는 마음에 큰 상처를 입었고 그것은 건강에도 영향을 주었습니다.

너무 많이 아파서, 너무 견디기 어려워서 "아야!" 하고 소리 지르고 싶었고, 끙끙거리며 앓는 소리라도 내고 싶었고, 이렇게 많이 많이 아프다고 울며불며 소리치고 싶었습니다.

이 글은 "아야!" 하고 외치는 나의 비명입니다.

이 글은 나의 끙끙 앓는 소리입니다.

이 글은 나의 아픈 흐느낌입니다.

목차

제1장 운명

❦ 잘못 걸려온 전화

전화벨이 요란히 울렸습니다.

37년 전 어느 봄날, 점심시간에 다른 직원들은 모두 식사하러 나갔고, 도시락을 준비해 온 나는 혼자 앉아서 점심을 먹고 있었습니다. 그때 조용한 사무실로 전화벨이 울려왔습니다.

수화기를 들고 답하자, "어? 여자네! 잠깐 잠깐만" 하더니, 옆 사람과 뭔가를 얘기하고 나서 전화번호를 확인했습니다. 맨 끝 번호 하나가 틀리는 잘못 걸려온 전화였습니다.

전화번호를 확인하더니, "다시 전화 드리겠습니다"라는 말을 남기고 끊는 것이었습니다.

며칠 후, 점심시간에 다시 전화벨이 울렸고, 전화를 잘못 걸었던 그 사람이었습니다.

나는 가끔 회사 내의 총각 사원들이 장난치곤 하던 그런 전화려니 생각했습니다.

그리고 그 이후 한 달 이상 전화가 없었고, 나는 까마득히 잊고 있었습니다.

나중에 알고 보니, 그는 카투사로 군복무 중인 상병이었고, 나는 끝 번호가 하나 틀리는 잘못 걸려온 전화를 그 사람으로부터 받았던 것입니다.

오랜 시간이 흐른 후, 점심시간에 다시 전화가 왔고, 그동안 사랑니를 뽑고 많이 고생했으며, 사랑이라는 것이 사랑니 앓는 것처럼 그렇게 아픈 거라면 절대로 하지 않겠다고 했습니다. 그리고 모범 장병으로 뽑혀서 한 달간의 특별 휴가를 받아서 고향에 다녀왔노라고, 앞으로 자주 전화하겠다고 했습니다.

그 후 정말 자주 전화가 왔고, 일 년여 동안 우린 서로의 개인 정보에 대한 것은 하나도 전혀 묻지 않았고, 나는 그의 전화번호도 절대 묻지 않았습니다. 그냥 그가 하는 전화만 받았습니다.

처음엔 며칠에 한 번씩 하던 전화가 매일 왔지만, 일 년이 넘도록 우린 서로 이름마저도 모른 채 전화를 통해서 주변의 일이랑 생각이랑 그런 것들로 시간 가는 줄 모르고 얘기했고, 그런 이유로 그는 군대에서 주는 시간제 점심을 많이도 굶었습니다.

나는 남자 형제가 없어서 군대에서 시간을 놓치면 점심을 굶는다는 걸 전혀 모르고 있었으니까요.

❦ 내 이름은 멍국이

어느 날 그는 나에게 전화를 해서 연필과 종이를 준비하라고 했고, 동그라미를 하나 그리라고 했습니다. 그러더니 그 동그라미 윗부분에 1미리도 안 되는 점을 계속 찍으라고 했습니다. 그리고 눈, 코, 입을 그리라고 했고, 나는 그대로 따라 그리면서 그것이 뭔지 도무지 알 수 없었습니다. 다 그렸느냐고 묻더니, 그것이 바로 자기의 모습이라고 했습니다. 지금도 그 그림을 생각하면 입가에 웃음이 번집니다.

또 언젠가는 내 이름의 첫 자음과 마지막 자음만을 알려달라고 했습니다. 첫 자음은 미음이고, 마지막 자음은 기역이라고만 알려 주었더니 그는 소리치듯 말했습니다.

"그래, 이름이 멍국이구나!"

그 이후 내 이름은 그만의 '멍국'이가 되었고, 나도 그 이름이 싫지 않았습니다.

❦ 그와의 만남

그해 겨울 그는 한 번 만날 것을 제의했고, 나는 그가 군복무하는 곳 근처의 작은 간이역에서 만날 것을 제의했습니다.

내가 원하는 장소는, 작은 보따리를 들고 오랜만에 나들이를 떠나는 아낙네나 가끔 만날 수 있는 조용한 기차역. 창문은 깨지고 낡았으나 손 볼 여유가 없어서 찬바람이 스치는 그런 기차역에서 만나고 싶었지만, 그런 곳을 찾을 수는 없었으므로 근처 작은 기차역으로 정했습니다.

12월 중순, 나는 노란 털이 달린 녹색 코트에 흰 모자를 쓰고 나가기로 했고, 의자에 앉아 책을 읽고 있는 군복 입은 키 큰 남자를 찾으면 틀림없는 자기를 찾을 거라 했습니다.

어떤 사람일까? 나이는 몇 살일까? 이름은 무엇일까? 이런 저런 생각으로 밤새 잠을 설치고 다음날 만나러 나갔습니다.

역사에 들어서자 그날따라 많은 사람들이 붐비고 있었지만, 저쪽 구석 의자에 앉아 책을 읽고 있는 비쩍 마르고 키가 큰 군복의 남자를 금방 찾을 수 있었습니다.

아무 말도 않고 조용히 다가가서 그이 앞에 서자마자, 그도 나를 단번에 알아보았습니다.

"반갑습니다" 하며 악수를 청해오는 그 남자는 오랜만에 만나는 옛 친구 같았지만, 그 날에야 우리는 통성명을 했고, 나이가 나보다 한 살 위라는 것도 알았습니다.

우리는 비원 길을 걸으면서 많은 이야기를 나눴고, 저녁엔 내 계획대로 내 친구들과 만나 함께 맥주도 마시면서 만남의 첫날을 보냈습니다.

❦ 결혼

잘못 걸려온 전화로 우리의 만남은 그렇게 시작이 되었고, 그는 열심히 외출을 나왔으며, 나도 그의 부대를 찾아가 군 동료들과 저녁도 함께 하고, 상관도 만나서 맥주 대접까지 받는 특혜도 누렸습니다.

만남은 계속되었고 일 년쯤 후 그는 제대를 하였으며, 대학 4년으로 복학과 동시에 결혼을 하게 되었습니다.

우린 하늘이 내린 운명처럼 만났고, 35년의 삶을 함께 하고 그는 떠났습니다.

희귀한 말기 암을 선고 받고, 6개월 동안의 힘들었던 투병의 고통과 37년의 추억과 사랑을 남기고 그는 떠났습니다.

그의 육신은 내 곁을 떠났지만 내 가슴속에 영원히 자리하고 있습니다.

그가 그리워서, 너무 보고 싶어서 헤매고 있는 마음을 여기에 담아 봅니다.

❦ 동상을 입었던 그이

우리가 만나던 그해 겨울은 유난히 눈이 많이 내렸습니다. 그래서 우리는 눈을 더 좋아하게 되었습니다.

눈길을 함께 걸었고 눈 위에 남겼던 발자국만큼이나 많은 추억을 만들었습니다.

그 사람의 군 복무지는 우리 집에서 그리 멀지는 않았지만, 걸어 갈 수 있는 거리는 아니었습니다.

많은 눈이 내리고 바람이 차갑게 불던 어느 날, 늦게까지 데이트를 하며 '러브 스토리'의 한 장면처럼 눈 위에서 뒹굴던 그는 부대로 가는 버스가 끊겨서 부대까지 걸어서 들어갔습니다.

그 다음에 약속 장소에 가보니까 붕대로 칭칭 감은 귀가 얼굴보다 더 커보였습니다. 깜짝 놀라 물었더니, 그날 걸어가다가 귀에 동상을 입었다고 했습니다.

오랫동안 붕대는 귀에 붙어 있었고, 데이트의 대가를 단단히 치렀습니다. 그 이후 나는 차가운 바람이 부는 날이면 늦은 귀대는 절대로 허락하지 않았습니다.

내가 그를 만나기 전의 꿈은 겨울 사랑을 하는 것이었습니다. 겨울은 모든 것을 얼려버리듯이 사랑도 처음 사랑 그 상태로 꽁꽁 얼려서 영원히 변하지 않을 것 같아서였습니다.

원하던 대로 그렇게 그와 겨울 사랑을 나누었고, 세월 따라 가슴속으로 스며들어 덤덤해 보였으나, 우리의 사랑은 지금까지도 그 겨울 사랑 그대로 임에 틀림없습니다.

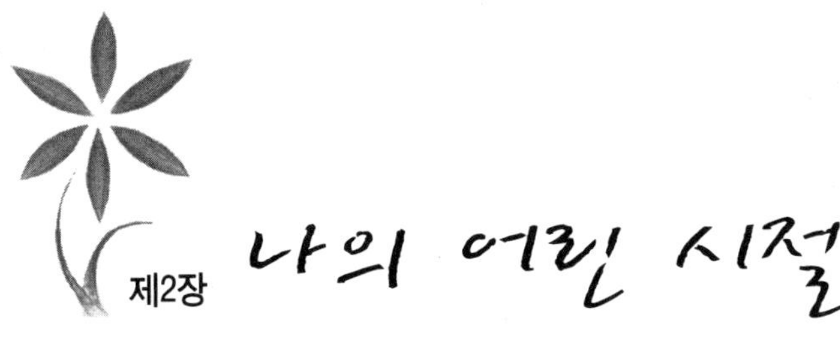

제2장 나의 어린 시절

❦ 열등의식

나는 딸만 다섯인 딸 부잣집에서 유난히 예쁘고 깍쟁이인 셋째 딸과 귀여움을 독차지하던 막내 동생 사이에서 넷째 딸로 태어났습니다.

돌이 채 되기 전, 외할머니 등에 업혀서 이북에서 남쪽으로 피난을 와야 했었고, 서울에 와서도 미용학원에 다니는 엄마를 할머니 등에 업혀서 기다려야 했던 까닭에 딸 다섯 중에 유별나게 나만 다리가 많이 휘었습니다.

잘 하는 것은 모두 다른 사람 몫이고, 나는 아무것도 못하는 쓸모없는 사람이라고 생각하는 등 여러 가지 이유로 나는 많은 열등의식에 싸여서 자랐습니다.

열등의식이란 건 스스로 많은 부끄러움을 갖고 사는 것입니다.

나는 어려서 울보라고 불릴 만큼 많이 울었답니다.

내 기억에도 많이 울었다고 생각이 되지만, 또 하나 더 기억되는 것은 울다가 울음을 그치려면 그것이 부끄러워서 계속 울었던 것으로 기억됩니다.

내가 유치원에 다니기 시작하던 때에 6.25 사변이 일어나서 짧은 기간 동안 유치원을 다니게 되었고, 보통 아이들은 부모가 없으면 울었지만, 나는 유치원 생활을 잘하고 있다가도 할머니만 오시면 부끄러워서 울었던 기억이 납니다.

유치원에서 울기만 하는 손녀딸이 안쓰러워 할머니는 매일 오셨고, 할머니가 저만치 나타나면 나는 그때부터 또 울기 시작했습니다.

1.4후퇴 때 우리도 부산으로 피난을 갔었고, 집에서 돌봐주기 힘든 상황이라 6살 때 학교를 보냈습니다.

나이가 어려서 학교에서 받아 주기 어렵다고 미루는 바람에 1학기가 거의 끝날 무렵에야 1학년에 합류할 수 있었고, 학업을 따라가기 힘들 것 같아서 걱정하셨던 외할머니는 첫 번 받아쓰기와 산수 시험을 100점 받아오면, 어깨에 메는 가죽 가방과 연필 깎는 칼과 지우개를 사 주시겠노라고 약속을 하셨습니다.

그때는 피난 시절이라 보자기로 책을 싸서 허리에 매고 다녔고, 지우개나 칼이 있는 사람은 학교에서 왕과 같은 존재였습니다.

나는 몇 번을 할머니에게 다짐을 받았고, 드디어 100점의 시험지 두 장을 펄럭이며 집으로 돌아왔습니다.

지금 생각하면 어려운 피난 시절 그 약속을 지키기란 정말 힘들었을 텐데, 할머니는 다음날로 기차를 타고 먼 시장까지 가셔서 약속한 것들을 모두 사다 주셨습니다.

나는 너무 좋아서 그 가죽가방을 만지작거리다 그만 베개 대신 베고 자고 말았고, 다음날 아침 딱딱하던 가방이 머리 무게에 눌려 다 찌그러져 있었습니다. 그때 속상했던 마음은 지금도 여전히 남아있습니다.

그 이후 나는 절대로 열심히 공부하지 않았고, 공부는 나 아닌 남들이 하는 것이라 막연히 생각했습니다. 그래도 성적은 그런대로 반에서 한 자리 숫자는 유지했지만, 몸으로 하는 것이라고는 잘하는 것이 하나도 없었습니다. 공기놀이, 고무줄놀이, 줄넘기 등은 물론 체육까지….

초등하교 4학년 미술시간이었습니다. 인물화의 모델을 뽑기로 했고, 친구들은 나를 모델로 지적했지만 나는 너무 부끄러워서 도저히 앞에 나갈 수가 없었습니다.

내 마음을 읽지 못한 담임선생님은 계속 재촉했지만 내 발은 결코 떨어지지 않았으므로, 결국 수업시간에 밖으로 쫓겨나고 말았습니다. 그 이후 선생님은 나를 황소고집이라고 불렀습니다.

그렇게 무섭게도 나를 억누르던 열등의식을 중학교 시절까지 끌고 갔고, 나는 말없이 혼자 지내는 아이로 남았습니다.

고등학교를 서울로 오게 된 나는 결원만 뽑는 어려운 입학시험을 거쳐 입학하게 되었고, 낯설은 환경에 적응하느라 많이 힘들었으나 가끔씩 용기를 주시는 담임선생님과 학과 선생님들의 말씀에 열등의식을 스스로 벗어 버리려고 안간힘을 썼습니다.

하나라도 지지 않으려고 많은 밤을 지새우며 다른 사람들보다 두 배의 노력을 하기 시작했고, 곧 모든 것에 자신감을 가지기 시작했습니다.

그 시절, 새벽에 야경을 도는 아저씨들의 딱딱이 방망이 소리가 정겨웠고, 동트기 직전 하늘이 그렇게 파랗다는 것도 그때 알게 되었으며, 그 새벽녘의 진한 파란 하늘이 지금까지도 좋기만 합니다.

나는 열등의식에서는 어느 정도 벗어났지만, 계획한 것을 다 마무리하지 못하면 무서운 조바심에 싸이곤 했습니다. 그런 조바심은 그와 결혼할 때까지도 이어졌지만, 몇 년 넘기지 않고 그의 편안한 배려 덕분에 그것마저도 벗어날 수 있었습니다.

그는 정녕 비익조인 나의 튼튼한 다른 쪽 날개였습니다.

❦ 내 기억 속의 외할머니

누구나 외할머니 사랑에 대한 기억은 갖고 있겠지만, 거의 외할머니 손에서 자라다시피 한 나는 정말 많은 사랑의 기억을 갖고 있습니다.

내가 다섯 살쯤 되었을 때, 밖에서 놀다 들어와 할머니 방문을 여니 할머니는 안 계시고 깨끗이 치워진 방바닥에 할머니 금비녀가 놓여 있습니다. 할머니가 그렇게 아끼시는 비녀를 잊고 나가셨구나 하는 어린 마음에 빨리 할머니에게 갖다드리려고 들고 나오다가 갑자기 화장실에 가고 싶어졌습니다.

화장실에 들렀던 나는 옷을 입다가 금비녀를 깊은 재래식 화장실에 그만 빠트려 버렸고, 금비녀는 '퐁' 하는 소리만 남기고 사라져 버렸습니다.

적산 가옥의 화장실이라 엄청 크고 깊은 화장실이었습니다. 정말 큰일이었습니다.

잠시 후 할머니는, "분명히 여기다 두었는데 어디로 갔지?" 하시며 금비녀를 찾기 시작하셨고, 그 귀한 물건을 화장실에 빠트린 나는 겁에 질려서 아무런 말을 할 수가 없었습니다.

한참을 찾으시던 할머니가 "여기 들어온 사람은 너밖에 없는데 너 혹시 못 봤니?" 하고 물으셔서, "아니요…"라고 가느다랗게 대답한 마음은 점점 지옥이었습니다.

잠시 후 다시 물으셨습니다.

"야단치지 않을 테니까 얘기 하거라" 하셨습니다.

나는 으앙 울면서 사정을 말씀 드렸고, 할머니는 정말 한 마디의 핀잔도 없으셨고, 울음을 터트린 나에게 "괜찮다, 괜찮아"라고 하셨습니다.

다음 날, 할머니는 화장실 퍼가는 사람들을 불러다 끝까지 퍼내었지만 금비녀는 어디에 숨었는지 찾을 수가 없었습니다.

그 옛날 금비녀는 정말 귀하고 비싼 물건이었을 텐데….

그 이후 할머니의 머리에서 금비녀를 한 번도 볼 수 없었고, 돌아가실 때까지 쇠로 된 비녀만 꽂혀 있었습니다.

금비녀에 대한 마음은 지금까지도 할머니 사랑에 대한 뿌듯함과 쇠비녀로 바꿔놓은 죄송한 마음으로 남아 있습니다.

피난 시절 조그만 다다미방 하나에서 딸 여섯을 포함해 여덟 식구가 살다보니, 나는 바로 위의 언니랑 가끔 잘 싸웠습니다. 예쁜 셋째 언니가 나한테 못생겼다고 놀려댔기 때문이었습니다.

할머니의 만류에도 우린 계속 싸웠고, 드디어 화가 나신 할머니가 우리를 꿇어앉혀 놓으시고는 당신의 종아리를 걷으시더니 회초리로 마구 때리셨습니다.

할머니는 당신의 종아리에 수없는 회초리 자국을 만드시며 "이래도 싸울래? 이래도 싸울래?" 하셨습니다.

우린 정말 비명에 가까운 울음을 터트리며 잘못했다고 싹싹 빌면서 회초리를 뺏으려고 안간힘을 다했습니다. 할머니 종아리에 회초리 자국은 여러 날 동안 남아 있었고, 그 이후 우린 할머니 앞에선 거의 싸우지 않았습니다.

어린 마음에도 할머니의 사랑이 대단하게 전해졌었고, 그 사랑의 힘은 내가 자식을 기르는데 많은 도움을 주었지만, 그 할머니의 사랑만큼은 아들들에게 다 전하지 못한 것 같습니다.

가끔 아들들에게 할머니의 사랑을 들려주곤 했지만, 내가 갖고 있는 할머니의 사랑을 다 알려 주는 데는 한계가 있었습니다.

이제 자식을 기르는 아들들이 할머니의 사랑을 그 아이들에게, 또 그 다음 아이들에게 나누어 주었으면 하고 바라는 마음뿐입니다.

독립운동을 하시던 외할아버지를 만주에서 잃으셨던 할머니, 그리고 제법 높은 공직에 계셨던 아버지는 6.25 때 한 시간 내에 피난 준비를 하고 나오라는 말과 함께 가족들을 서울에 남기고, 300여명의 부하직원들과 함께 정부를 따라 부산으로 가버리시자 아이들과 홀로 남은 어머니와 할머니는 많은 고생을 하시면서도 끝까지 우리들을 지켜 주셨습니다.

그렇게 사랑이 많으셨던 할머니는 내가 초등학교 4학년이던 해의 추석 다음 날, 여섯 째 딸이던 막내 동생과 함께 열차 사고로 세상을 떠나시고 말았습니다.

할머니는 생사의 갈림길에서도 늘 모자라게만 생각하셨던 나를 무척이나 걱정하시며 숨을 거두셨다고 합니다.

할머니 사랑의 힘으로 나는 이렇게 잘 살고 있는데….

집에서 남편과 암 투병을 하고 있을 때 무척 많이 힘든 날이 있었습니다. 나는 너무 견디기 힘들어서 "할머니, 우리 좀 데려가 줘요" 하며 울었습니다. 내 주위에 할머니만큼 나를 잘 이해해 줄 분이 없는 것 같아서 애타게 할머니를 찾았습니다.

그날 그의 일기장에는 '가장 슬펐던 날'이라고 쓰여 있었습니다.

오십여 년이란 오랜 세월 전에 할머니는 떠나셨지만 아직도 추석이 되면 할머니가 많이 그립습니다.

추석과 할머니의 떠나심, 그리고 내 생일과 남편의 떠남, 이 모든 것이 함께 뭉쳐서 가을을 좋아하는 나에게 가을은 무겁고도 무겁게 다가왔습니다.

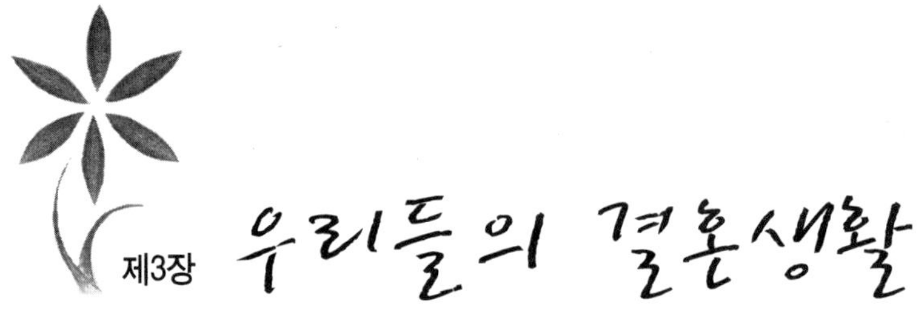

제3장 우리들의 결혼생활

그는 국립대 4학년에 복학을 했고, 나는 직장생활을 하며 우리의 결혼 생활은 시작되었고, 그는 열심히 공부해서 1년 내내 장학금으로 공부를 했습니다.

직장 동료들은 "남자들이란 열심히 뒷바라지 한 여자는 성공하면 거의 버리고 떠나는 법이니 조심해"라고 은근히 비아냥거렸지만, 나는 그에 대한 확실한 믿음이 느껴져서 그냥 웃으며 넘기곤 했습니다.

그가 졸업할 무렵 직장도 구했고, 나는 임신을 하게 되어 직장을 그만 두었으며, 그때부터 남편만 바라보고 사는 전업 주부가 되었습니다.

결혼할 때에 입을 웨딩드레스는 내가 직접 만들어 입었었고, 그 드레스를 한참동안 보관하고 있다가 생활이 어려워서 드레스 마련이 어려웠던 두 명의 신부에게 빌려 주기도 했었습니다. 그

신부들도 이제는 잘 살고 있기를 바랍니다.

시집갈 때 친정에서 마련해 주는 혼수는 전부 현금으로 달라고 해서 꼭 필요한 몇 가지만 사고 가구는 일체 준비하지 않았으며, 비닐 옷장 하나만을 준비하고 나머지는 다 저금을 했습니다.

물론 근사한 옷장과 화장대 등 살림을 잘 장만해서 사는 친구들이 부러웠지만 집을 장만한 것도 아니고 셋방을 전전해야 하는 살림에 가구만 번듯하게 장만하는 것은 낭비라고 생각했습니다.

당장은 초라하지만 몇 년 후면 내가 앞서가리라고 확신했기 때문에 우리는 그렇게 검소하게 시작했습니다.

❦ 삶의 열매

정말 빈손으로 만나 열심히 살았고, 그 삶의 열매는 결실로 맺어졌습니다. 어느 날부터인가 조카딸들이 나에게 부자이모라고 했습니다.

근검절약하는 우리의 생활은 남편이 떠날 때까지도 계속되었고, 조카들이 말하는 '부' 속에서 우리가 선택했던 '빈곤'은 정말 쉬운 일이 아니었습니다. 절약하고 아끼는 생활에 익숙한 우리는 쓰는 생활에는 절대 약자였습니다.

절약하는 생활에 함께해 주었던 남편이 많이 고맙고, 남편이 떠난 지금 그래도 사는 걱정은 안 해도 되니 더 고맙지만, 이젠 편안하게 살 수 있을 텐데, 고생만 하다가 떠난 남편이 불쌍하고 안타까워 가슴이 조여 옵니다.

❦ 결혼 뒤에 오는 것

신혼여행에서 돌아와 출근을 하고 나니까 짓궂은 남자 동료들이 "아줌마, 아줌마" 하고 부릅니다. "이젠 아줌마지 뭘 그래" 하면서….

그 아줌마란 소리가 너무 생소해서 마음이 찌르르하니 싫었지만, "그래. 이젠 정말 아줌마가 되는 거구나!"라고 생각하니 뭔가를 잃어버린 기분이 들었습니다.

몇 달 후, 옆자리에 앉은 총각 동료가 사귀고 있는 여자랑 전화로 너무 정답게 얘기를 하고 있었습니다.

'그래 나는 아줌마가 되었고, 이제 나에게 저런 시절은 올 수 없구나!'라고 생각하니까 너무 쓸쓸해졌습니다.

집에 오자마자 남편에게 우리 찻집에라도 앉아서 연애하는 기분을 한번 내보자고 졸랐습니다. 내 말을 듣고 껄껄 웃기만 하던 남편이 나가자고 했습니다.

준비를 하고 막 집을 나서려는데, 평소 가깝게 지내던 내 친구의 남편이 찾아와서 둘이 함께 나가더니 11시가 넘어서야 술에 취해 들어왔습니다.

평소 모든 일에 설명이 없던 남편, 게다가 술은 '전혀'에 가깝도록 못하는 남편이니 변명 한마디 없이 금방 골아 떨어졌습니다.

연애할 때는 전혀 상상도 할 수 없는 일이었습니다. 섭섭한 마음이 온 방안에 가득했지만, 쓸쓸했던 마음도 섭섭한 마음도 다 내 몫이니 내가 다스려야 할 수 밖에요….

❦ 기념일

결혼 후 전업주부가 되고 나서 무슨 기념일이 그렇게 많으냐고 흘려버리는 남편 앞에 그래도 많은 기념일을 챙기고 싶었습니다.

특히 잘못 걸려온 전화 이후 처음 만났던 날은 결혼기념일보다 더 운명적인 날로 생각했던 젊은 아줌마는, 12월이 가져다주는 여러 가지 복잡하고 쓸쓸한 마음 때문에 거리에라도 나서보고 싶었습니다.

그런데 아가의 엄마가 그럴 수는 없어서 맥주 두 병에다 맛있게 양념한 불고기와 몇 가지 반찬으로 정성스레 준비한 저녁상을 잠든 아가 옆에 차려놓고 남편을 기다렸습니다.

예고 없이 장만한 저녁상이라 의아해 하는 그에게 기념일을 설명하고 맥주를 나누어 잔을 채웠습니다.

술을 못하는 남편은 맥주 한 모금을 마시더니, 나의 첫 잔이 비기도 전에 "빨리 마셔라. 피곤하다"라고 했습니다.

곧이어 "나 먼저 잘게" 하더니 이내 잠들어 버렸고, 나는 넓은 사막에서 길 잃은 나그네의 마음이 되어 버렸습니다.

혼자 두 병을 다 마시면서, '연애시절 찻집에서 절대로 내 옆에 앉지 않았고, 앞좌석에 앉아 신문이나 책을 보며 나와는 상관없이 시간을 보내던 이 남자를 그때 알아봤어야 하는데, 내가 바보였구나!'라고 생각했습니다.

사막에서 길 잃은 나그네 신세라도 잠은 자야하고, 내일이면 다시 내 몫의 삶을 지켜야 하니까, 두 병의 맥주에 허전한 마음을 실어 잠을 청했습니다.

그 이후 한동안 그런 기념 이벤트는 하지 않았습니다.

❦ 이혼을 생각할 때

살면서 이혼을 생각해 보지 않은 부부도 있을까요?

나는 결혼 3년쯤 되던 해에 이혼을 생각했었습니다.

남자는 하룻밤의 로미오이기를 원하고, 여자는 평생의 줄리엣이기를 원한다고 합니다.

결혼하고 많이 변한 것 같은 남편에게 자존심이 몹시 상했고, 자존심을 앞세운 내 마음은 남편과 대화하기를 거부했습니다.

어느 날 마음이 몹시 상한 나는 어린 아들을 데리고 먼 친구 집을 찾았습니다.

그 친구부부와 우리는 결혼하기 전 넷이서 참 많은 시간을 같이 했었고, 그날이 그 친구의 생일이라 샴페인 한 병을 준비해서 찾아갔습니다.

물론 남편에게는 외출이나 행선지 같은 것은 전혀 알리지 않았습니다.

내 마음을 친구에게 알리지 않았고 즐거운 척 지내고 있었지만 마음은 지옥을 헤매고 있었습니다.

'그래, 이혼하고 말거야!'라고 다짐하며….

그러나 시간이 지나가면서 그 부부가 재미있게 사는 모습이 강하게 다가왔고, 내 팔에 안겨서 잠든 아들을 보면서 이혼 후의 아들 모습도 생각했습니다.

'그래, 이건 아니야! 좀 더 나은 결혼생활을 위해 내가 어떤 노력을 했나? 내가 가진 건 자존심뿐이었구나! 자존심을 버리고 솔직한 대화를 하자. 내가 둘을 양보하고 하나의 양보를 얻어내자'라고 생각하면서 맥주를 끝없이 마셨습니다.

깜깜한 밤이 되었는데 나는 취해서 대중교통을 이용할 수가 없었고, 그날 밤 남편 월급의 20%를 택시비로 지불해야 했습니다.

택시가 도착하자마자, 길에서 기다리고 있던 남편이 택시 문을 열고 아들을 받아 안았습니다. 그 시간까지 밖에서 기다리고 있었나 봅니다.

그날 내가 터득한 것은 남편과의 문제에서는 절대로 자존심을 버려야 한다는 것이었습니다. 콧대 높았던 처녀 시절의 자존심으로 그때까지 버티고 있었던 나는 그 자존심을 버리는 것이 쉬운 일은 아니었습니다.

남편은 학문에 대한 머리나 암기력은 대단했지만, 소위 말하는 눈치라는 것은 없는 사람이었습니다.

남편에게 "이건 'A'같은 것이야"라고 말하면, 혼자 열심히 'B'를 생각하고는 'B'를 해결하느라 바빴습니다.

'A'는 이렇게 이렇게 생긴 것이고, 나는 'B'가 아닌 'A'를 원하고 있다고 자세히 설명을 해야 그제야 알았습니다.

어떤 때는 정말 자존심이 상해서 말하고 싶지 않았지만 열심히 노력했고, 남편도 나도, 모난 곳을 다듬어 가며 어울리는 부부로 바뀌어 갔습니다.

아들 둘을 낳고 자식 농사랑 집 장만에 정신이 없을 즈음, 고부간의 갈등을 심하게 겪고 나서 나는 남편에게 협의 이혼서를 내 놓았습니다. 물론 정식으로 만든 것도 아니었고, 흰 백지에 내가 맘대로 써서 내놓고는 도장을 찍어 달라고 했습니다.

나는 자존심을 내세우며 의견충돌을 하다가 마음과는 달리 이혼으로 끝나고 마는 부부를 간혹 본 적이 있어서 이혼서를 내밀면서도 한쪽 마음은 겁이 났습니다.

'정말 찍으면 어쩌지? 에라 모르겠다'라고 생각하면서도 멈추질 않았습니다.

남편은 조용히 종이에 쓰인 글씨를 읽더니 말없이 내려놓았습니다. 나는 내친김에 더 달렸습니다. 빨리 찍으라고….

그러나 남편은 화도 안 내고 낮은 목소리로 말합니다.

"이혼은 틀림없이 해주는데, 이런 중요한 도장을 그렇게 빨리 찍을 수는 없으니까, 일주일만 기다리면 도장을 틀림없이 찍어 줄 테니 기다려 주게…."

일주일 후 나는 이혼장은 까맣게 잊어버렸고, 다시 전과 다름없는 생활로 돌아왔고, 마음속으론 그때 도장을 찍지 않고 슬기롭게 넘겨준 남편이 많이 고마웠습니다.

그 이후 다시는 그 무서운 일을 반복하지는 않았고 남편에게 한 번도 그 일에 대해서 말한 적은 없지만, 인내심 강하고 부드러웠던 남편의 판단에 내내 고마운 마음이었고, 가끔 그 일을 생각하면 안도와 행복의 미소가 입가에 남곤 했습니다.

❦ 남편의 외박

결혼 후 7년쯤 지났을 무렵 남편은 예고도 소식도 없이 처음 외박을 했습니다.

작은 아들이 유문 협착증으로 고생하고 있었고, 아파트를 무리해서 장만하고 의료보험도 없는 시절이라 많이 고달플 때였었고, 물론 전화도 집에 없었습니다.

그 당시 전화는 백색전화라고 해서 웬만한 집 전세 값 정도로 값이 비쌌고, 엄청난 프리미엄이 붙어서 사고 팔리고 하던 때라 전화가 없다는 것은 당연한 것이었습니다.

통행금지 사이렌이 울려도 돌아오지 않았고, 나는 너무 화가 났었는데 문득 한 친구의 얘기가 생각났습니다.

남편이 돌아오지 않아서 기다리다 잠이 들었고, 얼마 후 어느 병원 응급실에서 전화가 왔으며, 뺑소니차에 의한 교통사고였다는 말이 생각나서, 끓어오르던 화가 점점 걱정으로 변해 갔고, 밤을 하얗게 새우고 말았습니다.

새벽 통행금지가 해제되었어도 남편은 돌아오지 않았고, 다시 출근시간이 되었지만 소식이 없었습니다.

나는 공중전화에 내려가서 회사로 전화를 걸어 나를 밝히지 않고 남편을 부탁했습니다.

잠시 후 "여보세요" 하는 남편의 소리가 들려왔지만, 목소리만 확인한 후 아무 말도 하지 않고 그냥 전화를 끊었습니다. 살아 있다는 것만 확인하면 되었으니까요.

퇴근 후에야 돌아온 남편에게 무슨 일이었느냐고 물었더니,

친구들이랑 화투치기를 하다가 여관에서 잤다고 합니다. 너무 어이가 없었습니다. 아이는 아프고 삶은 고달프기만 한데 정말 용납 될 수 없고 말도 안 되는 일이었습니다.

나는 그 친구를 데려오라고 난리를 쳤지만, 그것은 단지 남편을 혼내 주려는 생각이었을 뿐인데, 며칠 후 정말 친구 둘을 데리고 왔습니다. 황당했지만 친구들과 말다툼을 할 수밖에 없었고, 나는 그 친구들과 좋은 사이가 될 수는 없었지만 그 이후로 남편은 내 곁을 떠날 때까지 이유 없는 외박은 절대로 하지 않았습니다.

오랜 세월이 흐른 후 그 친구와 몇 번 만나는 기회가 있었고, 남편이 병원에서 투병하는 동안 여러 차례 찾아와서 많이 안타까워했으며, 장례식 내내 장례식장을 지켜 주었고, 벽제까지도 마다 않고 함께 해주었던 고마운 친구로 남았습니다.

남편에게는 참 좋은 친구가 많이 있었지만, 남편이 떠남으로 해서 남편의 친구들도 함께 잃어버린 것 같아 더 외로워집니다.

❦ 남편의 모습

지금 나에게 남아있는 남편의 모습은 말이 없이 조용히 웃으며 무엇이라도 나에게 베풀어 주고 싶어서 짧은 머리를 조아리던 모습입니다. 항상 내가 심심하다고 하면 같이 놀아 줄 것을 궁리하고, 내가 힘들다고 하면 언제나 옆에서 도와주던, 사랑 많고 다정다감한 이 세상에서 하나뿐인 나의 남자입니다.

아이들을 키우며 몹시 바쁘기만 하던 때, 남편은 정말 잠이 많은 사람이었습니다. 아침에 깨우기도 힘들었지만, 휴일이면 어김없이 늦게까지 침대에서 잠을 자고 있었습니다.

안방 문을 열면 창문이 바로 보였고, 그 창문 쪽으로 침대 머리 부분이 놓여 있었는데, 안방 문을 열고 들어가면 자고 있는 남편의 코만 보였습니다.

사람들은 남편의 코가 서양인의 코 같다고 할 만큼 코가 높았습니다. 보통 사람들은 감기가 들어 콧물이 흐르면 당연히 인중을 사이에 두고 피부를 따라 흐르지만, 남편은 콧물이 코끝에 모였다가 땅으로 뚝뚝 떨어지는 특이하고 높은 코를 가지고 있었습니다.

"나는 요즈음 남편의 얼굴을 그리라면 동그랗게 콧구멍 두 개밖에 그릴 것이 없어요. 다른 건 다 이불에 가려져서 본 기억이 없고, 뻥 뚫린 콧구멍 두 개밖에 본 것이 없으니 어쩌겠어요?"

그 시절에 나는 그렇게 말하곤 했습니다.

그러던 남편이 정년퇴직 후엔 잠이 많이 줄어들었고, 투병 중에는 거의 잠을 자지 못했습니다.

영원히 잠들 걸 예상하고 잠을 아껴두었나 봅니다.

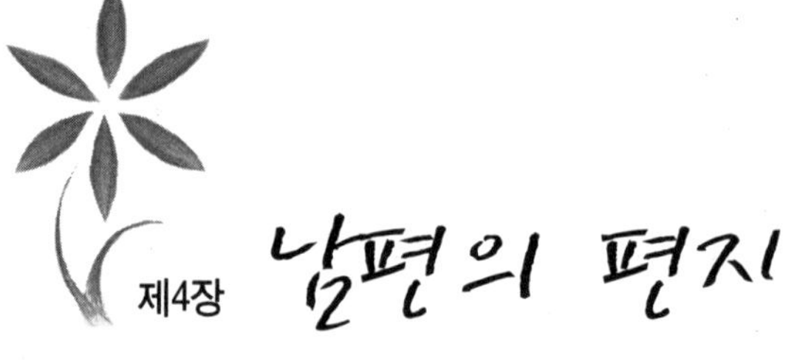

제4장 남편의 편지

세상이 편리해져 전화를 많이 사용하다 보니, 편지라는 것이 거의 사라져 가고, 컴퓨터상의 메일은 상대방의 친필을 보는 것처럼 은근한 향기도 없거니와 사물함 속에서 30여 년이 지나 색바랜 편지를 꺼내보는 낭만이 사라져 버렸습니다.

그래도 우린 옛사람들이라 오래된 남편의 편지를 몇 개 찾아볼 수 있어서 잠시 쓰라린 행복을 맛보았습니다.

가장 나중에 써 보낸 편지는 내가 아들들과 한 달 동안 미국에 머물고 있을 때 받은 편지였습니다.

이곳은 당신이 나의 전부였었는데, 이제는 아무도 없소. 그래서 허전하오. 소설도 읽고 일기 비슷한 것도 써보고, 회사에서 이것저것 일거리도 만들어보며 지낸다오.

내일이 되면 당신이 떠난 지 2주일이요. 어떻게 생각하면 빨리

간 듯도 하구요.

나는 당신이 산뜻하게 미소 지으며 아침을 맞고, 낮에는 열심히 일하고, 운동하고, 어머니와 언니 동생들에게 좋은 딸, 언니, 아우 되고, 두 아들 녀석의 친구이자 엄마, 인생의 길잡이가 되었으면 하고 기도하오.

비록 멀리(거리상으로) 있어도, 당신은 나와 16시간의 시차를 두고 내 곁에 맴돌고 있소.

16시간의 시차와 10시간 정도의 비행기 여행으로 만날 수 있는 거리에 있으면서도 허전하다고 했던 당신.

여보! 당신은 지금 알고 계시나요? 나의 허전한 마음을….
당신은 지금 기약 없는 긴 세월의 시간차를 나에게 남겨주고
어느 곳에 머물고 있는 것입니까? 편지라도 받고 싶은데….
오늘밤 꿈에는 편지를 읽게 해주시지 않으렵니까?

남편은 그날 일기에 이렇게 적었습니다.

아들의 일이 맘에 걸려온다.
편지를 쓰다.
노트에 적어서 베끼는 방법을 택했다.
아내로부터 전화, 잘 이야기 되었다 한다.
아들의 목소리 듣고 나니 눈물이 난다. 자꾸 눈물이 흐른다.
나에게 이런 눈물이 있었나?
참 이상한 일이다.

사랑한다. 아들들아, 그리고 엄마야!

남편의 일기는 내가 아이들과 시애틀에 머무는 동안에 주로 쓰여 졌고, 식구가 모두 만나는 동안은 전 페이지에 커다랗게 '행복한 날'이라고 쓰여 있었습니다.

방학동안 아이들이 왔다가 돌아간 날에는 이렇게 적었습니다.

"아이들이 미국으로 갔다.
엄마는 마음이 허전하다며 운다.
뭐라고 위로하랴? 그게 엄마인 걸!"

열심히 살던 그 시절, 해외로 출장 갔던 남편은 편지에 이렇게 적었습니다.

"…우린 가진 것 없이 살아도, 맘은 부자처럼 서로 위하며 살아가자꾸나. 맘을 주고받는 순간만큼 복 받은 때가 없을 것 같다. 더구나 찬 세상에서…."

또 다른 엽서에는 이렇게 적었습니다.

"…동경에서의 교육은 거의 아는 것이라서 별로 어렵지는 않았지만 꽤 힘든 코스였다. 교육생은 항상 주의 깊게 들어야 하고 시험을 치러야 하고….

엊그제 꿈에 아들과 엄마가 나를 보고 무능한 아빠라고 놀려대서 설명하느라 혼났다. 무능한 남편, 아빠이지만 나는 행복하다. 나에게 아내가 있고 자랑스런 꼬마가 있고….

그럼 만날 때까지 뽀뽀 전한다. 이제 기상이 나빠서 요동치기 시작한다. 쓰기가 어려워진다."

여보! 그때는 그냥 읽고 넘어간 편지이지만, 당신은 절대로 무능하지 않았습니다.

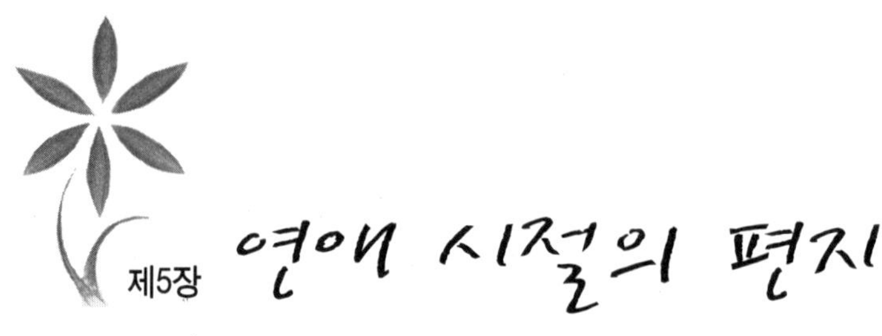

제5장 연애 시절의 편지

우리가 연애 시절 주고받았던 몇 통의 편지를 아직도 갖고 있습니다. 삼십칠 년이 된 편지입니다.

❦ 편지 1

멍국 씨!

6甲(갑) 인생 중에서 2甲(갑)째의 삶을 향하고 있는 이때, 첫 글을 받는다는 영광을 주노니 읽을 지니라.

인사: 글로는 초면입니다. 읽기에 다소 괴롭더라도 읽어주기 바랍니다.

축하사: 정월 초하루에 어머님한테 혼꾸멍난 것은 복이 많은 탓.

기뻐할 일. 그리고 엄마 말씀은 잘 들을 일. 착한 엄마의 딸이 될 것.

나의 잡사: 전화 받고 정말로 혼나고 싶어 갔었는데, 세배만 받고 마신 일은 좀 불만이었으니, 혼날 수 있는 기회를 기다리고 있겠습니다.

날씨가 몹시 추워서 체육관의 히터가 얼어 쇳덩어리를 든 손에서 마비가 일어날 정도. 열심히 갈비를 움직여 주었음. 그리고 막사로 오는 길에 숨이 차서 눈물이 찔끔 나와 화가 났음.

모택동 감기는 여전히 명국을 떠나지 않고 있는지요? 감기의 발자국 소리를 들으며 약간 으슬으슬 추워지고 목안이 간질간질한데, 감기 걸리지 않도록 기도해 주기 바람(내가 준 파란 색깔의 기침약은 그대로 진열되어 있었음을 확인했는데, 무슨 유감이 있는 듯).

해 돋는 집의 가사를 적어 보겠습니다.

'해석은 본인이 할 것.'

— 남편은 팝송 중 '해 돋는 집'을 참 좋아했습니다.

❦ 편지 2

명숙 씨(필자의 본명), 나의 명국이에게 전해주시오.

"그는 때로 남을 괴롭히며 살아 왔지만, 명국이를 행복하게 만들려고 노력하겠다고. 그리고 포기를 모르노라고. 또 포기하지 말아 달라고. 비록 다른 모양의 몸체로 태어났더라도 언젠가는 만나노라고. 웃으며 더없이 행복하게 만날 수 있노라고. 둘이서의 노력에 따라서."

❦ 편지 3

멍국.

자정이 가깝다.

나도 고집이 있다는 것을 보여주고 싶다. 나는 분명히 차가운 피의 소유자가 아닌 것을 안다.

'Cool'이란 말 얼마나 멋있니? '시원스럽다. 냉정해진다.'

미국인의 속어로 하면 '서늘하고 안정된 – 그런 기분, 때로는 자제할 수 있는 자신감' – 그것이 자기도취의 한 방편일 수도 있기는 하다.

나는 내 나이에 찬 수컷이면 할 수 있는 일을 못하는 것이 있다. 내가 못하는 일을 남들이 한다 해서 현기증이 일어나고 두려운 것은 절대로 아니지만, 나대로 순박한 점을 지니고 살고 싶어 하는 흔한 사람 중의 한 사람.

사물은 말이 없이 자체의 논리대로 움직여진다. 그러나 그것을 바라보는 사람마다의 눈엔 그 사람의 안경에 따라서 굽어져 보이기도 하고 모나게 보이기도 하고 둥글게 보이기도 한다.

멍국이도 나의 눈에 비친 한 피사체로서, 내 나름대로 채색하여 보고 경험되어 지는 것.

하나의 대상이 나에게 의미를 주기 위해서는 시간을 요한다.

여기에서 멍국이는 또한 예외가 되지 못한다.

나는 몇 가지 사건에 대하여 패배하려고 마음먹고 있다. 여기에서 내가 쓰는 패배란 내가 긍정하지 않을 수 없는 핏대 나는 사실이다.

나한테는 적어도 의미 있는, 뭔가 해야 할 이야기가 있다.

나는 생활을 찾아 무척 많은 방황을 해왔다.

나는 나의 생명을 진하고 뜨겁게 태워가고 싶었고 앞으로도 그럴 것이다.

지금쯤 석사 논문을 쓰고 있을, 석사 후보님을 대리하여 대학원 입학시험을 청부받아 치러준 적이 있었다.

그리고 나는 그 은비들이 늘어선 교정을 바라보기가 싫어졌다. 잊혀지지 않는 사건이었다. 나는 많이 울었고, 친구들을 거느리고 간 곳이 있었다.

나는 낙서를 좋아한다. 이것도 나의 한낱 낙서라고 생각할 것.

멍국아!

한 사람의 이름이 나의 입에서(누구에게서나 마찬가지겠지만) 불리어질 때는 수많은 감정의 파도가 인다.

언젠가 말했지만, 나의 껍질은 또 다르게 싸여져야 할까보다 라고 했던 것처럼, 나의 껍질 조각과 멍국이의 껍질 조각은 그림 맞추기의 조각처럼 잘 어울릴까? 하고 생각해 본다.

시간을 요하겠지. 오랫동안의 패배를 맛보겠지.

그림 조각이 맞혀지기 위해서는 서로의 껍질에 손때가 묻어야하고 윤이 나야 하겠지.

모씨에게 전화로 내가 한 말 "젊음은 불 태워야 하는 겁니다. 그 방법이 문제겠습니다만…."

그리고 나는 의미 없는 말을 하고 있었다.

— 어둠 속에서 쓴 낙서

— 남편은 그 당시 철학적으로 편지를 쓰곤 했기 때문에
이해가 안 되는 부분도 상당히 있었습니다.

편지의 대부분을 군대의 소등 시간 이후, 어두운 데서 썼기 때문에
어떤 편지는 거의 글씨가 겹쳐지고 비뚤거려서
알아보기 힘든 것이 많았습니다.
오랫동안 읽지 않고 보관해 오기만 하던 편지 중에서
이제야 이해할 것 같은 소중한 것이 하나 있습니다.

❦ 편지 4

동행의 의미를 알 듯하다.

동행자의 발자국은 두 개이다. 얼마나 밀착해 있는가? 그것이 문제이겠지만, 2인3각이라면 하나 반의 발자국이 상당히 밀착되겠지만, 거기에는 너무나 많은 구속이 따르게 되겠지.

믿음직스럽지 못한 나는, 그래도 남을 믿는 미덕이 있다. 정말로 아이러니가 아닐 수 없다.

기도 하듯이 그렇게 살고 싶다. 그러나 기도할 재간이 없다. 무어라고 해야 하나? 살고 나서 기도할지 모른다.

머리카락이 하얗게 센 여인이 나를 기대고, 나의 거칠어진 손을 잡아 준다. 나는 그 여인의 주름살을 어루만지며 말할 것이다.

"우리는 동행하며, 한 개인으로서 외로울 때도 많았고, 또 한 몸이 된 것이 아닌가 하고 믿은 적도 있었지만, 또 서로의 결점을 너무나도 잘 알고 그것이 싫었지만, 그 결점마저도 좋아져서 이제는 그 결점이 없어지면 섭섭할지도 모른다"라고.

"그리고 우리는 동행했으므로 적어도 혼자보다는 덜 외로울 수 있었다"라고.

외로움에 만성이 되면 자기가 정말로 외로운 줄을 모르게 된다.

그것을 깨닫게 된 순간은 어떨까?

보고 싶다는 상태가 어떤 것인가를 알고 싶다. 정말로 보고 싶다는 상태가 무엇인가? 이것은 동행자의 어떤 것일까?

— 이렇게 써 보냈던 남편은 아마도
지금의 우리 모습을 그때 이미 알고 있었던 것 같습니다.
남편은 고등학교와 대학시절을 부모의 도움 없이
참 어렵게 살았던 것 같습니다.
양친이 다 계셨어도 도움을 받지 못했었고,
대학 시절 어떤 때는 잘 곳이 없어서
학교에서 책상을 붙여놓고 잔 적도 있다고 했습니다.
그래도 남편에게 어두움은 전혀 없었고,
남을 이해하는 마음과 인내심은 정말 대단했습니다.
그런 남편 덕분에 우리는 별 어려움 없이 동행자로서
밀착된 두 개의 발자국을 남길 수 있었다고 자부합니다.
많은 사람들이 우리 부부를 보고
"너무 좋아 보인다. 형제 같아 보인다. 부럽다"라는 말을 많이 했으니까요.

❦ 편지 5

명국.

죄송하옵게도 전화로 읊어댄 시는 Walt Whitman(월트 휘트먼)의 시가 아니고 Robert Frost(로버트 프로스트)였음을 정정하고(내가 얼마나 사기꾼이었나 하는 것은 나도 펜을 들 때까지 모르고 있었다).

새 작업복을 입었다.

새 옷을 입으면서 막사 친구들을 한번 웃기고 나니(패션쇼 흉내로), 허전하고 골머리가 팽그르 도는 기분이 되었다. 요놈의 작업복이 헤져서 다시 반품시키고 나면 희망 있을까? 하는 걱정.

보기만 해도 우중충한 색깔….

사람에게 주어진 최선의 선물은 '선택하는 자유'에 있다는 생각이 든다.

선택할 수 없다면, 샘표하고 닭표를 구분할 수 없으니까.

Gentleman called waitress and said "There's fly in my Ice Cream."

The waitress said "Maybe, it's going to take winter exercises."

(신사 한분이 여 종업원을 불렀다. "내 아이스크림에 파리가 빠졌네요." 종업원은 "아마도 그 파리가 겨울 운동을 하고 있나 봐요"라고 대답했다) – 낮에 읽은 것임.

첫째는 태어났으므로 울었고, 그 다음은 나를 인식함으로 외로웠고, 또 그 다음은 주위를 돌아보니 어지러웠고, 그 다음은 군에 와서 피 봤고, 또 또 그 다음은 멍국이를 알아서….

(…뭐라고 쓸까?)

❦ 편지 6

널 만나러 간다.

적어도 나의 의지로.

내일은 만난다.

우리는.

넌
상당히 말랐을지도 모른다.

— 나 씀

❦ 편지 7

멍국이가 말해준 "편안히 주무세요"라는 소리를 듣고 나는 멍국이의 손을 잡았다. 아마도 차가운 손이었을 것이다. 그리고 어색하게 택시에서 내려 정문의 너무나 밝은 불빛을 옆으로 하고 택시의 한 모서리를 잡고 있었다. 어떻게 하자는 것이었을까?

떳떳하지 못한 기분으로 내가 일하는 사무실로 들어가 일을 대신 봐준 코쟁이에게 감사하다고 말했다. "멍국이를 만날 수 있었던 것은 전적으로 너의 호의였노라"고 생각하며.

그리고 초조하게, 읽던 책을 들고 화장실로 가 거울을 보았다. 피곤한 얼굴. 나는 이렇게 역겨운 얼굴을 처음 보는 착각을 느꼈다. 핏발이 선 눈망울과 핏기 없는 얼굴을 싸고 있는 미국 정부 지급품.

연애 고문직을 맡아줬던 Bruce(브루스) 중위가 나에게 한 말이 기억난다.

"너는 머리끝에서 발끝까지 미국 제품으로 뭉쳐 있다"고.

그때 나는 "Not this. Sir!(이것은 아닙니다)"하고 대답하며 나의 이마를 짚고 있었다.

두 가지의 제약이 KATUSA(카투사)에게 있다.

한 가지는 대한민국의 군인으로서 이고, 또 한 가지는 외국인의 지휘 아래 있다는 일.

코쟁이 부대에 온 뒤 적어도 서너 달 동안은 순수한 한국부대를 생각했다. 그리고 나는 차츰 마약에 중독 되듯이 나의 환경을 증오하면서도 받아들이게 되었다.

용기의 부족이라고 나대로 판단한다. 홀로 될 수 있는 용기가 없었던 것이다. 친구라는 것을 사귀었기 때문이다.

무리하게 멍국이를 만나게 한 나의 무례한 욕망은 무엇이었는지 잘 모른다. 그가 무엇을 생각하고 있는지 모른다.

"실망했어요. 생각했던 대로 바보였군요"일 수도 있고, "장난삼아 한 말인데 너무 심각해졌군요." "누군가가 말했던 것처럼 쎈치하군요"일 수도 있겠지.

❦ 편지 8

멍국.

헉슬리의 소설 'Brave New World'에는(내가 권하고 싶은 책의 하나이다) 단 하나의 '인간'이 나온다. 그의 이름은 역설적으로 'Savage(야만인, 미개인)'이다.

정작 그는 사람인데, 소설 속에서는 인간이 아니고(되지 못하고) Savage가 되어 나온다. 내 생각으로는 그가 정말로 인간인데….

소설의 줄거리를 써 내려갈 기억력은 없다. 다만 초현대인 속에서 세익스피어를 읽는 그는(Savage) 덜 된 인간이 되고 마는 비참한 세계를 작가는 '멋진 신세계'라고 불렀다.

❦ 편지 9

명국씨.

나는 바이블에 대해서는 백지인데도,

"Our father who art in the Heaven…(주기도문)"은 끝까지 외울 수 있다. 나도 이상하다고 생각하고 있다. 잃어버린 바이블 뒷장에 쓴 '자연과 신의 사생아'가 정말인가 하고 생각한다. 기도하듯이 살아가고 싶은 것일까….

내면의 세계와 외부의 세계가 나를 사생아로 만들었다.

지금은 기도하고 싶다.

나의 신은 결정하고 창조하고 파괴하는 신이 아니고, '구경만'하는 신이었으면 한다. 결정하고 선택하고 창조하는 주인공이 명국이가 되고 나는 바보가 되도록….

(편지 속에 끼워 보낸 소설의 한 구절은 너무한 것이 아닐까?)

명국의 십자가는(누구나 남에게 줄 수 없이 홀로 질 수밖에 없는) 나로서도 어쩔 수 없다. 넘어지지 않기를 바란다.

❦ 편지 10

또 어둠 속에서 쓴다.

'안녕히 계세요'란 무엇을 의미하는지 모른다.

내가 가장 싫어하는 인사다.

폭 1센티 정도의 불빛은 방해가 되어 눈 감고 쓴다.

"안녕히 계십시오."

나는 어떤 소설을 읽고 나서부터 그런 인사를 하면 다시 못 볼 사람으로 생각되어진다. 이상한 믿음인지도 모른다.

내가 몸소 애써 강조하는 쪼다 '을호'인 때문일까?

평소 잘 웃던 입이 잠잘 때는 무섭도록 굳세게 닫쳐진다는 내입에서 잠꼬대를 한단다. 정말로 웃기는 일. 웬일일까? 누군가가 기록해 주었으면 한다.

❦ 편지 11

진실로 내가 여인에게서 원하는 건 무엇일까? 정말로 무엇일까? 부딪쳐 보지 않고 환상적으로 생각만 하는 탓일까?

멍국이의 필요성을 생각해 보기로 하자. 기왕에 고민하는 해로 정한 69년에.

정말로 필요(need)하다면 근사하게 "I need you" 하면 되는 걸까?

전화하는 것은 뒷맛이 좋지 않다. 기계에게 열심히 떠들어댄 것 같아서 속은 기분이 든다. 되도록이면 전화는 줄이자. 시간적으로.

"끊을래요."

김빠지는 소리.

눈이 깊이 들어가는 것 같다. 기분이갇띠오(기분이겠지요).

❦ 편지 12

내 일자리에 와서 전화를 기다린다. "남버 테엔 코올드 싓!" 하며 흑인 병사는 코를 푼다. 나는 아직 그렇게까지는 안 되었다. 눕고 싶을 때가 있을 정도로 목이 간질거리고 코가 막히지만. 미스 홍콩

(그 당시의 감기 이름)에게 지기 싫어서 참는다.

연필을 들고 글을 쓴 지가 하도 오래 되어서 어색하지만(글씨 못 쓴다는 소리를 하기 싫어서), 그런대로 쓴다.

부대에 '호보'라는 세파트가 있다. 평생에 짖을 줄 모르고, 식당 앞에서 고기만 주어먹고 잔뜩 살이 찐 바람둥이 개다.

'호보'는 방랑자라는 뜻이 있다. 낮에는 열심히 잠자고 밤에는 따듯한 막사에 들어 와서는 더욱 열심히 잠잔다. 그리고 동네 개를 초대하여 부대 구경도 시키고.

그런데 이상한 것은 이 친구는 한국인을 싫어한다. 내가 열심히 아양을 떨고 아부해도 본체만체하여 지금은 보기 싫은 친구.

이국 병사의 손끝만을 방황하고 다니는 Bitch(개새끼).

내가 처음 부대에 왔을 때는 새끼 개였는데, 지금은 나이 먹어 능구렁이처럼 눈치나 보면서 식당과 막사를 빌빌거리는 홀아비. 한국에서 태어나 양식으로 자라난 불운한(어쩌면 행복한) 개.

고유성의 상실을 비관하는 사회 인사들을 본다. 비관하기 전에 가장 슬퍼해야 할 일은 모르는 사이에 잃어가는 자아를 발견하지 못하는 것이라고 생각한다.

일상 속에 침투하여 오만하게 권세 부리는 양식. 예를 들자면 창과 칼로 소고기를 썰어 먹을 때에는 창은 어떻게 쥐고 칼은 어떻게 쓴다는 둥….

습관은 무서운 것이어서, 부대에서 착실히 실력을 닦은 보람인지, 젓가락을 쓰는 우리 음식을 먹으려면 손가락이 굳어져 이상하다든가 하는 둥, 몇 분을 못 배기던 소위 '검둥이 뮤직'이 요즈음은 무관심 속에서 용납을 받으니 나도 이제 버렸어.

멍국의 전화는 중독성이 있는 모양인지? 쓰고 나니까 간지럽다. 또 간지럽다고 쓰고 나니 이마에 땀이 나려고 한다.

10시 정각.

벨은 울리지 않고 있었으니, 나는 커피 한 잔을 들이켰던 것이다.

— 그는 편지 끝에 눈이 커져 쑥 들어가고,
목이 길어진 그림을 하나 그려놓고,
"전화를 기다리는 OOO. 그럴 듯허지?"라고 썼습니다.

❦ 편지 13

울리지 않는 북.

멍국.

사람은 처음 만나면 인사를 나누고 많이 봐 달라는 둥, 날씨가 어떻다는 둥 이야기를 한다.

한 사람이 이야기 하면, 귀담고 경청하는 듯이 보인다.

열심히 (군댓말로)나발통을 불어도 통하지 않는 상대가 있다. 울지 않는 북.

또 말하지 않아도 흐뭇하고 쳐다만 보아도 말은 없지만 무수한 이야기를 해주는 듯한 눈이 있단다.

남들이 그렇게 말하더라.

'Empathy'라는 말이 있는데 우리말로 이심전심이란 말.

멍국이와 나는 많은 전화를 주고받았고, 많은 이야기를 했고, 적어도 나는 멍국에게 나의 상당한 것을 걸고(실은 텅 빈 것인지도 모른다. 겸손이란 말을 나는 싫어한다) 있다. 적어도 나만은.

나는 소란한 세상에 태어난 것을 싫어한다.

부처님이 통달한, 울리지 않아도 스스로 우는 북을 보지 못했기 때문.

나의 북을 울리려고 노력했던 많은 사람들이 있었고, 내가 울려 보려고 한 적이 몇 번 있었다.

그때마다 내 북은 울리지 않았고, 그들의 북은 울지 않았다.

한 피를 받지 않은, Female(여성)로서는 처음일 것이거나 마지막일지 모르는 – 그렇게 되기를 빈다. 사랑니보다 더 아프니까 – 명국에게 너의 북은 울고 있는가? 하고 묻노니.

옆자리 ○상병이 "뭐가 보이니?" 하고 묻는다. 나는 "안 보이지만 쓰고 있노라"고 대답했다.

약 먹을 시간을 기다리고 있다. 감기는 만병의 근원이라는데, 됴심해야디요(조심해야지요).

침대에서 들려오는 내 심장의 고동을 들었다. '팽팽' 울려주는 철침대는 나의 생명을 확인케 해준다.

명국에게 "잘 잔다!"라고 명령을 내린다.

잠꼬대로 "너 죽어!" 하고 공갈치다가 도깨비 나오면 워쩔 것이여!

Guten Nacht. 명국.

1969.1.8. 23:50(?) – 자세히 모른다.
사이렌 소리에 대강 맞추었다.

편지 14

가난쯤 슬퍼할 것 없잖은가
가난함으로써

더욱 풍성하지 않은가
어차피 당신과 나
죽어 한 줌 흙이 될 것을
잠간 옷으로 알몸을 가리고
거만하게 산들 그게 어떻다는 건가.
차라리 벌거숭이로 살자.
유달리 남다른 여인이여
거울처럼 발가숭이로
깊은 산 속에 들어가
거기 거울 같은 호수가 되자.

— 시부모님께 결혼 승낙을 받으러 시골집에 내려갔을 때
보내온 편지입니다.

제6장 신혼초의 편지

신혼초 아내에게

내가 이렇게 쉽사리 한 가정을 이룰 수 있었다는 것은 아마도 신의 예정이라고 생각할 수밖에 없었다. 신혼에 묻힌 나에게는, 실은 많은 갈등을 안고 있다. 물론, 그의 여인인 당신두.

그 갈등은 몇 가지 면에서 발생하고 있다고 본다.

3년간 군대 생활의 공백을 메우려는 데서 생기는 거리감이 그 첫째요, 교수가 바뀌고 책이 바뀐 지금 기회 부족으로 친해질 여유를 찾으려는 노력의 대가에 대한 갈등이 둘째다.

결혼했다 하여 뒤지는 게 당연하다는 주위의 편견에 반항하려는 노력이 셋째며, 아내 있는 자로서 짧은 시간의 공존에 대한 불만감은 마찬가지로 나도 가지고 있는 문제다.

덧붙여 한 가지를 추가한다면, 대화의 길을 막는 당신의, 혹은 나의 태도이다. 이런 문제는 솔직히 당신의 도움이 필요하다.

언젠가 똑똑한 아내를 선택했다고 속으로 좋아했다.

우리는 서로의 결점을 알고, 앞서 자신의 결점을 알고 있다.

타인과 접촉해서 곤란한 점이 자신에서 발견되었다면 그것을 고치려고 노력하여야 한다.

내가 가지고 있던 열등의식은 당신의 힘으로 거의 완전하게 치유했다. 성취욕구가 강한 사람은 열등의식이 있다고 한다.

사람은 어느 정도의 열등의식이 필요하다고 생각한다.

또한 거리감(외로움, 철학에서는 소외감이라고 부른다)은 언제나 따라다니는 그림자다.

가까우면 가까울수록 멀게도 느껴지는 마력, 그건 어쩌면 숙명과도 같은 무엇인지도 모른다.

꿈에서는 내가 당신에게 다짐을 받곤 한다.

나를 사랑하느냐고? 당신은 언제나 신비한 미소를 짓고 있다.

그것이 나에게 주는 의미는 무엇인가 생각한다.

나는 또한 밝아졌다. 생활관도 진보적이라고 자부하며, 문제를 해결하려는 노력도 건전하다고 듣는다.

내가 농담으로 받아 넘기는 말은 "너도 결혼해 봐라"로 미혼자들에게 권고한다.

여보야.

나는 말을 잘 못하는데다가 기회를 만들지 못하여 글로 적는다.

우리는 일상성을 사랑하고 사랑하여야 하지만, 그것을 넘어선 고뇌와 환희를 함께 나눌 수 있도록 힘써야 하고, 문제를 서로의 앞에 놓고 사과를 깎아 먹듯이 나눠 먹어 소화시켜야 한다.

극한 상황을 조성하는 일은 해결 방법이 없을 때만 사용하는 인간의 특권이기도 하단다.

나는 극한 상황을 만난 적이 많았지만, 항상 여유를 가지려고 해왔고, 앞으로도 그렇지만 문제만으로 던져도 좋은 것을 극한 상황으로 몰아넣는 여보야의 방법에는 별로 동의하지 않는다.

이 글을 씀은 나 자신의 반성과 문제를 제시하고 그것을 해결하기 위한 노력을(공동) 전제로 한다.

많은 시간이 소모되었지만 아깝지 않다. 시험보다 중요하다고 느꼈기 때문에 써 본 것이다.

— 이 편지는 아마도 부부싸움 후에 쓴 것 같습니다.
지금은 전혀 기억에도 없는 일들인데, 그 당시에는 심각 했었나 봅니다.
다음 편지는 신혼초 대학 4년에 복학 중이던 남편이 A로 가득 찬
1학기 성적표와 함께 주었던 편지입니다.
그는 졸업 때까지 장학금으로 공부했습니다.

Yoboya!

성적이 우수하게 나왔음을 같이 기뻐한다. 우리를 축복해 주시는 여러분의 성의와 여보야의 뒷받침이라고 생각한다.

앞으로 남은 한 학기 동안 협조를 기다리고 더욱 요청한다.

인간에게 투자는 때로 은행이자나 달러이자보다 높을 수 있다니까.

아무튼 한 학기의 모든 것을 여보의 협력으로 무사히 마쳤음을 기쁘게 생각한다. 당신도 기뻐해 다우.

---뽀뽀---

— Your man

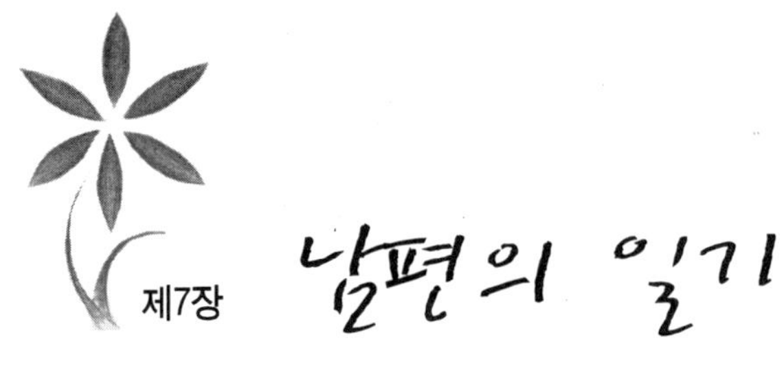

제7장 남편의 일기

남편은 메모나 일기를 참 열심히 썼습니다.

열 권이 넘는 다이어리가 가지런히 책꽂이에 꽂혀 있습니다.

거의 메모 형식의 일기가 대부분이고, 가끔 관심이 가는 글이 있어서 모아 보았습니다.

❦ 1993년 1월 21일

숙은 거울을 보나 보다.
숙은 흰 머리털을 뽑나 보다.
숙은 샤워를 하나 보다.
숙은 만들다 만 원피스를 다시 고치나 보다.
숙은 좀 피곤한가 보다.
숙은 점심을 거르나 보다.

숙은 스트레스가 많은가 보다.
숙은 한잔 하고 싶은가 보다.
숙은 자고 싶은 모양이다.
먼저 잠이 든다.
잠자는 얼굴을 본다.

❦ 1993년 4월 2일

숙에게 출근 전 전화하다.
밝은 목소리가 전해져 온다.
항상, 언제나 그래 주었으면 좋겠다.
그렇게 되도록 내가 감을 잘 잡아 줘야 할 것인데….
결혼기념일을 이야기 한다.
나와 같은 생각이다.
그래서 부부인가?
공간을 달리 하여도 생각이 같거나 비슷할 수 있는 것.
비교적 평안한 날.

❦ 2003년 11월 3일

이제는 겨울에 접어들었다.
아침 산책 나서면 서릿발이 아직도 푸른 풀잎의 잎새에 앉아 숨을 죽이고 있다.
아침 햇살에 부딪혀 빛나는 하얀 결정체.

이런 길을 아직도 걸을 수 있어 행복하다.

가끔 철없는 주민들이 낙엽을 태운답시고 공기를 오염시키고 있지만….

또 낙엽에, 생활쓰레기, 공사 쓰레기를 같이 태워 산책길을 기분 나쁘게 하지만, 그래도 걸을 수 있는 시간이 있고 힘이 있고 숙(아내)이 있어서 좋다.

혈압은 만족스럽지도 않지만, 그런대로 위험 수준은 밑도니 다행이고….

아직은 높은, 별로 호전 되지도 않고….

이 오후에 햇볕 드는 책상에 앉아서 이렇게 낙서할 수 있는 행복.

그러나 배가 고프다. 13:25(시간)

왜 밥을 제때에 안 주는 거야!

숙이 머리 볶느라 늦어졌지롱.

파마는 미장원에 가서 하면 좋으련만 2~3시간 동안 혼자 말고 풀고 한다.

이제는 힘 드는 일은 미장원에서 했으면….

❦ 2004년 4월 25일

〈사월은〉

산색의 변화, 꽃, 녹색

날씨의 변화, 황사, 30도를 넘는 날씨

감정의 변화

정서의 변화

희뿌연, 안개도 아닌, 먼지도 아닌,
먼 산이 희미한….

뒷산이 연녹색으로 변한다.
앙상했던 나뭇가지는 그렇게 아름다운 색으로 변한다.
막대기를 심은 화분에서 연노란 싹이 튀어 나온다.
생명의 아름다움이야.
그 생명의 힘.
만남과 헤어짐….

〈5월의 풍경〉
녹색은 생명의 색이다.
비는 생명의 샘이다.
오월의 산색은 아름다움이다.
능선 따라 햇빛 따라 색깔이 다른 나무, 그리고 숲
햇빛에 반사되는 잎새들의 하늘거리는 그림자들…

아카시아의 흰 꽃잎과 그 냄새.
그 사이로 울음 우는 까치, 꿩, 뻐꾸기
그리고 이름 모르는 새들의 노래(울음)

비 오는 밤에 들리는 개구리 울음소리

맹꽁이 소리들, 그리고 빗소리

베란다에서 바로 내려다보이는 어린이 놀이터.
비 오는 일요일.
아이들 발자욱 무수히 박힌 모래 위에 빗물 고이고.
아이는 없고.
모두 일요일 오수에 젖어들었다.

담배 맛만 진한 오후에
비 맞으며 까치만 울며 나무 사이를 휘젓고 있다

오월은 그렇게 빗속에 저물고 있다

오월은 아름답고 그렇게 자연스럽게 나의 곁에서 떠난다.

〈유월은〉
밤꽃이 피어나고 지던 달.
바깥사돈을 저 세상으로 보내드린 달.
손녀 예니가 어멈과 함께 내 곁에 머물던 달.

할멈은 지난 번 예니가 왔을 때 못해 줬던 사랑을 이번엔 특별히 맘먹고 쏟아 부었다.

할멈이 아리랑 노래를 가르치다 말았다.
아직은 따라 하기가 벅찬 노랫말과 가락인 듯
예니가 말이 엄청나게 늘었다.
그래 튼튼하게 자라다오.

장마처럼 비가 내린다.
때맞추어 잘 내리는 비인 듯하다.

산 너머에서 개구리 소리, 맹꽁이 소리가 들리고
숲에서는 까치 소리, 꿩 소리 그리고 소쩍새 우는 소리도 들린다.
어쩌면 산사 같은 이 곳.
적당한 적막감이 나를 나른하게 하고 쉬게 한다.

❦ 2004년 5월 29일

할멈이 밖에서 부른다.
달이 좋단다.
붉은 달이 떠오른다.
옆 동산 위 나뭇잎 사이로 달이 떠오른다.
날씨가 나빠서 못 보던 달이다.

예니한테 "달 봤니?" 하고 묻고 싶다.
달 봤니? 별 봤니?
달 보여? 별 보여?

❦ 2004년 5월 31일

오월이 간다.
'녹'의 색이 짙어진다.
이제는 녹음의 계절 6월로 간다.

하루하루는 그렇게 저렇게 지나고….
발바닥에 이상 발생인가?
발바닥에 실핏줄이 터졌는지 멍이 들고
새끼발가락에도 멍이 들었다.
핏줄에 이상이 생긴 것인지?
왜?

담배를 끊어서인지 졸리고, 기분이 나쁘고 짜증이 난다.
며칠 고생하다 보면 이번에도 잘 극복되겠지만….
담배는 역시 상대하기가 힘든 물건이다.
힘든 물건이로세….
입안이 마르고, 좀 짜증나고 붓고….
그런대로 잘 참아내고 있다.

— 아마도 이때부터도 몸이 많이 안 좋은 상태였나 봅니다.
계속 피곤하다고 적고 있었습니다.

❦ 2004년 6월 10일

이발을 했다. 좀 짧게 깎아 달랬더니 너무 잘랐나보다.

할멈이 보더니 실망스러워 한다. 내가 봐도 그렇다.
흰 머리가 다 들어나고, 속살이 허옇고….
늙으면 흰 터럭이라도 좀 길게 간수할 필요가 있나보다.
다음부터는 길게 두자.

회갑이란다. 60세
여기는 속초 설악산 한화 콘도 5509호실. 할멈이 예약한 곳.
생선회와 서더리 찌개, 포도주
할멈이 5시간 운전.
준모 내외가 보내 준 '알마니 after shave' 택배로 받다.
오래 살았다. 지나고 보면 짧은 삶이지만, 또 한편으로 보면 긴 세월이 아닌가?
이것저것 감정이 복잡하군.
아범, 작은 아범과 통화하다.
낮 기온이 조금 내려갔단다.
작은 아범은 집이 통풍이 좋지 않아서 고생스러운가 보다.
좀 보태서 이사 하시지….

— 이 회갑이 남편의 마지막 생일이 되었습니다.
북유럽으로 여행 가려던 것을 설악산으로 끝내서 못내 마음이 아파옵니다.
남편은 북유럽과 동 유럽을 무척 가고 싶어 했으나,
항공사 25년 근속상품으로 받았던 부부 세계여행 비행기 티켓도
결국 쓰지 못하고 떠났습니다.
아이들이 미국에 있는 동안 휴가만 생기면 미국의 아이들을 보러 갔으므로
유럽으로 여행 갈 시간을 만들지 못했고,
정년퇴직 후에는 집안의 대소사로 미루다가

무료 티켓을 쓸모없는 휴지로 남겨놓고 떠났습니다.

❦ 2004년 6월 30일

6월은 갔다. 밤꽃이 피어 냄새피우고 지는 중에 6월이 갔다.

사돈을 데려가고 그렇게 갔다.

모두 힘들었겠다. 모든 자연은 제자리에서 잘 움직여 간다.

예니는 잘 먹고 잘 자란다. 통통해지고 네모지고 탱탱하다.

눈치가 빤한 녀석이 엄마 아빠한테 응석이 심하다. 찡찡이 노릇을 확실하게 한다. 곧 떠난다. 잘 해주자. 할멈이 몹시 피곤해 한다.

제 부모만 있으면 하부지(할아버지)는 관심 밖이다.

오늘 아침이 그렇다.

역시 관심이 끌리우려면 서로가 외로워야 하나보다.

어멈과 아범 외출하고 점심 후 예니를 재우다가 모두가 낮잠.

이렇게 저렇게 세월은 가고 6월은 간다.

네 밤 자면 또 이별이다.

예니랑 비뚜러졌다. 예니가 하부지는 싫단다. 섭섭하다.

그렇게 좋아했지만 고 녀석은 나를 밀친다.

담배를 피워서 냄새 날까봐 이도 열심히 닦고, 머리도 감고, 수염도 깎고 하지만….

웃기는 녀석. 요노옴.

— 손녀 예니가 잠시 싫다고 한 것이 많이 섭섭했던 것 같습니다.

❦ 2004년 7월 11일

오늘은 예니와의 통화를 생략했다.

어제 전화에서 "빠이" 하자니까 싫다고 울어대서였다.

고 녀석이 엉뚱하게도 할멈의 약점을 완전히 파악해서 정복 한 것이다.

마트에 가서 많은 것을 사왔다. 우리 둘 입이 작지는 않다.

저녁 식사 후 할멈이 맥주 한잔 걸치고 하시는 말씀.

내년이면 결혼 35주년이란다.

잘 먹고 오래 살자고 했다. 같이 살잔다.

그래. 잘 먹고 건강하게 오래 살자.

비가 많이 왔다.

❦ 2004년 9월 18일

할멈 생신 축하!

59회 생신!

우리는 여행을 떠난다.

— 바깥사돈을 떠나보내고 남편 회갑여행을 다녀오지 못해
아들들이 특별한 이벤트를 마련하고 우리를 초청했습니다.
그래서 우리는 미국으로 향했습니다.
이곳에서 18일 출발하여 미국에 도착하면 다시 18일입니다.
남편은 내 생일이 이틀 계속된다고 좋아했습니다.
마치 다음 생일을 챙겨 줄 수 없음을 알고
미리 이틀간의 생일을 준비한 듯이.

❦ 2004년 9월 20일

미국에서의 2일째.

작년과 같이 하늘이 맑고 푸르다.

공기는 맑고 달다. 축복받은 나라다.

나무숲과 맑은 공기, 햇볕을 우리나라로 가져가고 싶다.

커피 타서 베란다에 있는 간이 의자에 앉아, 새와 다람쥐와 낙엽을 보며 한잔 마신다.

할멈은 눈만 뜨면 호미 들고 뒤뜰에 나선다.

풀 뽑고 김매기에 들어선다.

작년에 손수 만들어 놓은 오솔길을 따라서….

작년에 심어놓은 화초들은 일부(실은 대부분) 죽고 몇 그루만 있지만, 그래도 열심히 돌보고 있다.

울타리 밑 사철나무 사이에 잘못 심어진 단풍나무를 햇빛 잘 드는 오솔길 끝에 옮겨 심었다.

할멈과 나의 심는 방법 차이에서 약간의 신경전이 있었지만….

잘 자라주기 바란다. 옮겨 심은 몇 그루의 나무와 함께.

❦ 2004년 9월 27일

송편 빚기.

외국에서 송편 만들기가 쉽지 않으리라 생각했지만 한국 상점이 있어서 쉽게 쌀가루를 구했고, 밤과 깨, 콩 등 부족한 것 없이 다 구했다.

솔잎은 예니네 뒤뜰에 있는 소나무에서 따서 해결하고.

소나무의 솔잎향이 조금 떨어지긴 했지만….

여섯 식구 모두 모여 작품 만들고(?).

할멈이 주동이 되어 만드는 법을 며느리들에게 가르치고 웃으며 밤늦게까지 만들었다.

할아범인 내가 할멈 모르게 반죽에다 물을 더 넣는 바람에 반죽이 질어져 급히 쌀가루를 더 사다 섞어서 양이 늘어나 일이 늦어지는 불상사는 있었지만, 그런대로 잘 진행된 가족 행사가 아니었나(?) 한다.

— 이 추석의 송편 빚기가 남편의 마지막 추석 가족행사가 되었습니다.

❦ 2004년 10월 1일~10월 5일

라스베이거스로 떠날 짐들을 싸다.

라스베이거스는 뜨겁고 그랜드캐니언은 몹시 춥다니 옷을 준비하는데 두꺼운 옷이 필요하단다.

내가 우비를 준비하니 할멈과 아범은 더 두터운 것이 필요하단다. 에라, 모르겠다.

할멈에게 맡겨버린다.

비행기를 타려고 떠난다. 2시간 정도의 비행시간 후 라스베이거스에 도착. 인상적으로 나무 없는 황량함. 그러나 가로수는 잘 키워내고 있고….

그랜드캐니언의 일출을 보고, 아이맥스도 보고, 사진도 찍고, 그 아름다움을 짧은 시간에 간단히 조망하고 끝냄은 아쉬움이다.

일출을 보고 집으로 가는데, 어떤 관광객이 일출을 보려고 신발을 벗어들고 뛰어가는 걸 보았다.

역시 서양인도 급하면 맨발로 뛰는군!

벨라지오 호텔의 펜트하우스. 아이들의 깜짝 이벤트.

1박에 천불이 넘는다는 방이다. 화장실이 다섯 개나 되고 침실2개 ,싸우나 시설이 있는 샤워장이 두개, 부엌까지 갖춘 어마어마한 방이다. 각별한 대우를 받고 벨라지오 – 나는 별나지오라고 해서 모두 웃었다 – 의 밤을 보냈다.

닷새를 보내고 밤 비행기로 귀가.

비행기에 오르자마자 맨 뒷자리로 들어가 누워 버렸다.

피로회복제를 먹어도 무진장 졸리다. 4박 5일의 여행인데도 한 열흘 정도 떠났던 것 같은 기분이다.

집에 도착하니 자정이 넘었다.

아들들아 많이많이 고맙다.

— 몸속에 암이 자라고 있는 것도 모르고 다닌 여행이었으니
정말 많이 힘들었을 것 같습니다.
남편은 여행 내내 몹시 피곤해 했습니다.
그렇지만 나는 체중이 많이 늘어난 때문이려니 하고
대수롭지 않게 생각했던 것이 많이 미안하고 속상합니다.

❦ 2004년 10월 6일

아침 산보.

Bellevue(벨뷰)의 나날들 중 가장 즐거웠던 시간은 아침 산보 시간이었다.

아침 7시쯤 집을 나서서 이삼백 미터쯤 가면 산책 코스가 있다.

이곳에는 30미터 정도 되는 원시림 사이로 산책길이 있다. 그 길은 '바크'라는 나무 부스러기로 깔려져 있어 융단 위를 걷는 듯한 부드러운 기분을 느끼게 한다.

주택들 사이로 10Km 정도 이어진 산책로는 조그만 아이들 놀이터로 연결되어 끝나는데, 주택가의 가운데 있다고는 믿어지지 않을 정도로 원시림 속의 산길로서, 그 속에는 오르막길과 내리막길과 냇물이 있어 아주 깊은 숲을 느낄 수 있다. 아주 깊은 맛의 숲길.

아름드리나무(넓은잎나무)에서 가을 낙엽이 떨어지는가 하면, 고사리나무가 피어있고, 침엽수가 하늘을 덮고, 딸기나무 넝쿨이 늘어져 자라고, 깊은 냇물이 흐르고, 다람쥐가 있고 토끼가 있고, 또 사슴이 껑충껑충 뛰기도 한다. 그게 바로 산이 아니라 띄엄띄엄 집이 있는 동네이기도 하다.

공기는 적당히 습기를 머금고 있어서 담배를 갑자기 끊고 괴로워하는 나를 달래 주었다.

갈 때는 오르는 곳이 많아서 적당히 땀을 낼 수 있고, 집에 올 때는 비교적 내리막길이라 숨고르기도 좋은 산책 코스이다.

복 받은 곳.

❦ 2004년 12월 1일

벌써 달이 바뀌었다.

마지막 달 첫날.

맘은 바빠지고(?) 몸은 말을 안 듣고, 이거 원!

세월아, 세월아.
머리는 벗어지고 턱은 늘어지고….
이렇게 늙어가는 걸….
12월은 세월을 느끼는 달이다.

❦ 국립 암센터에 입원

내과에서 CT 촬영을 해보라는 권유로 진단 방사선과에 갔다.
사진을 찍다. 암일 거란다.
'암!'
내일 국립 암센터에 간다.
방광 뒤에서 자라 간에 전이되어 있단다.
두고 보자.

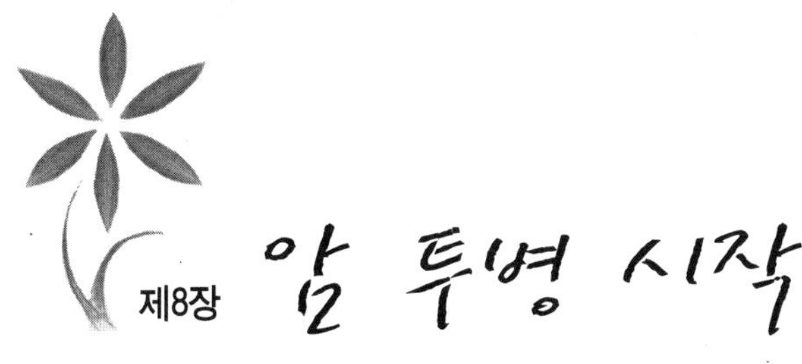

제8장 암 투병 시작

12월 6일 동네 병원에서 암 판정 받고, 다음날 국립 암센터에 입원하여 여러 가지 검사와 함께 조직검사를 했습니다.

그래도 혹시 잘못 된 검사이기를 바랐지만, 동네 병원의 진단처럼 복강 내에 8센티짜리 암이 있고, 간에 전이된 상태라고 합니다.

신장이나 췌장 같은 장기 뒤에 숨어서 자라고 있었기 때문에, 그동안 매해 거르지 않고 해오던 건강검진에서도 발견하지 못한 것이라 합니다.

머릿속부터 발끝까지 하얗게 비어나갔습니다. 몇 분 후 처음으로 내가 할 수 있었던 말은 "정기적 건강검진도 소용없구나!" 였습니다.

여러 가지 어려움 때문에 여러 번을 미루던 조직검사를 했습니다.

금식만 하고 조직검사를 미룰 때마다 조직검사도 못할 정도로 상황이 나빠진 것인가 싶어 조바심에 가슴이 조여 들어왔습니다.

❦ 조직검사 결과

아침 회진 때 들르신 담당 과장님은 '지방세포육종암'이라고 하셨고, 암세포에 맞는 항암제를 찾는 중이지만 어려울 것 같다며 굉장히 빠른 종류이고, 우리나라 전체 모든 큰 병원을 통해 1년에 한두 명 있을까 말까 한 경우이고, 담당의사는 한 번도 경험한 적이 없으며, 수술이나 방사선치료는 절대로 할 수 없고 항암제도 없으며, 있다면 임상실험 케이스뿐이라고 아주 짧게, 그리고 급히 말씀하셨습니다.

두 다리가 서 있기를 거부합니다. 병원 복도가 끝없이 길고 하얗게 보입니다.

〈어제와 오늘〉

암을 모르고 행복했던 어제
그리고 암 선고를 받은 오늘
남들은 똑같이 웃고 떠드는데
우리에겐 무서운 침묵입니다.

어제와 오늘

12월의 하늘은 조용하기만 한데
우리의 맘은 천둥 번개로 가득합니다.

어제와 오늘
한 번의 밤이 지나갔을 뿐인데
우리에겐 수천 번의 암흑이 지나갑니다.

어제와 오늘
만보 이상을 거뜬히 뛰었는데
풀썩 주저앉아 버립니다.

어제와 오늘
세상은 똑같은 모습인데
우리에겐 통곡하고픈 변화입니다.

이렇게 힘든 오늘을
어떻게 하면
어제로 돌려놓을 수 있는지요?

❦ 대체의학에 기댄 우리

미국 아들들에게 메일로 CT검사 소견서를 보냈습니다.
아들은 이제부터 엄마 역할이 중요하니까 절대로 용기 잃지 말고 힘내라고, 엄마가 쓰러지면 절대 안 된다고 당부했습니다.

남편은 이발하러 가겠다고 했습니다. 어쩜 마지막 이발이 될지도 모르겠다고 생각했습니다.

이발소에서 남편은 붕어빵을 사서 이발소 직원들과 함께 먹고 있었습니다.

찹쌀로 만든 것이라 맛있다나요?

국립 암센터에서 검사가 미뤄져 금식이 풀렸습니다.

붕어빵이 먹고 싶다고 사오라고 했습니다.

붕어빵을 먹고 있는 남편한테 식이요법 이야기를 하며, 이제부터는 붕어빵도 안 된다고 말했습니다.

남편은 붕어빵을 쑥 내민 입 끝에 물고 먹지도 않고 말이 없습니다.

그 이후 붕어빵은 내 마음에 아픔으로 남았습니다.

퇴원 준비 중에 병원 벽에 기대어 한참을 울었습니다. 남의 일이려니 생각하던 일들이 무섭게 내 앞으로 다가와 막막하기만 했습니다.

퇴원하는 날부터 대체의학 요법이 시작되었고, 그때부터 우리들의 투병의 고통은 시작되었습니다.

❦ 임상실험 의사와 면담

퇴원 3~4일 후 임상실험 의사를 만났습니다.

그 의사는 보호자는 못 들어오게 하고 환자만 만났습니다.

우리는 하는 수 없이 진료실 앞에서 기다리고 있었고, 문이 열리며 걸어 나오는 한 남자를 보는 순간 머리를 무엇인가에 호되게 맞은 기분으로 기절할 것 같았습니다.

머리카락은 하나도 없고, 얼굴색에 핏기라고는 전혀 없고, 피골이 상접해서 눈이 퀭한, 사람이라고 생각하기엔 너무 불쌍한, 그런 사람이 나왔습니다.

그를 본 간호사들이 "저 사람 며칠 전까지 저렇지는 않았잖아?" 하는 것이었습니다.

물론 현대의학에 의한, 암 투병 실패의 산 증인이었습니다.

그 순간 나는 절대로 남편을 임상 실험용으로 내 버릴 수는 없다고 속으로 절규했습니다.

남편의 요구로 보호자도 의사를 만날 수 있었고, 우리가 들어섰을 때 남편의 눈은 젖어 있었습니다.

견디기 어려운 연민이 스쳐갔습니다.

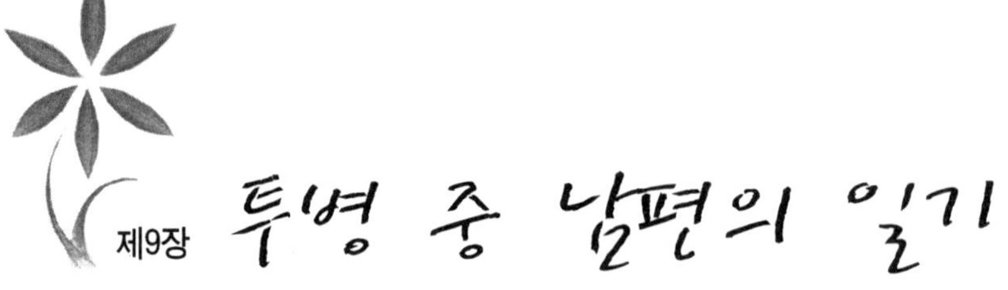

제9장 투병 중 남편의 일기

❦ 12월 29일

내가 마실 포도즙을 만들다가 녹즙기 모터가 나갔다.

겨울철에 포도 구하기가 쉽지 않은 것을 할멈이 시장을 역 추적하여 생산한 농협으로부터 직접 구입했다.

보내온 포도가 일부 변질되어 모두 즙으로 만들어 냉동시키려고, 두 아들들이 동원되어 할멈을 도왔다.

고맙고 갸륵하다. 열심히 먹을게.

— 현대의학에서 치료 방법을 찾지 못한 우리는
미국에서 자원봉사하시는 어떤 분의 도움으로
대체의학에 의존한 암과의 전쟁이 시작되었습니다.
밥은 유기농 현미, 야채 및 과일은 모두 유기농이어야 했고
많은 양의 포도를 섭취해야 했습니다.
약은 화학약품이 아닌 모두 자연식품 건강 보조제였습니다.

처음부터 난관에 부딪힌 것은 유기농 야채와 유기농 포도 구입이었습니다.
12월, 한겨울이라 쉬운 일이 아니었습니다.
포도 알알이 떼어서 손이 퉁퉁 부어오르도록 밤을 새워가며
포도즙을 준비하면서 난 눈물을 흘렸습니다.
내가 준비하는 이 포도를 다 먹을 때까지
남편이 살아 있어 줄 것인지 몰라서입니다.
남편은 떠나고 이 포도만 남는 것은 아닌가 하는 불안감에
손의 맥이 풀렸습니다.

❦ 제야의 종

포도 70상자와 씨름하는 동안 다음해를 맞이하는 제야의 종소리가 울렸습니다.

아빠와 아들들이 덕담을 나눕니다.

나는 펑펑 쏟아지는 눈물이지만 훌쩍이는 소리조차 낼 수가 없었습니다.

이 제야의 종소리가 남편이 듣는 마지막 종소리이면 어쩌나 싶어서 땅속 깊은 곳으로 추락해 들어가는 것 같았습니다.

그러나 표정 관리를 해야 합니다. 내가 약해지는 모습을 남편에게 보일 수는 없습니다.

내가 강하게 버텨야 남편을 조금이라도 더 지켜 줄 수 있을 테니까요.

나는 벌떡 일어나서 눈물을 닦아내고 다시 포도를 씻고 즙을 내기 시작했습니다.

묵은해를 보내고 새해가 온다는 것, 그냥 사람들이 그어 놓은

선을 넘어가는 것일 뿐인데 마음이 시려 옵니다.
즐겁게 맞이하던 새해가 무섭기만 합니다.

❦ 2005년 1월 5일

할멈아 고맙다.

할멈아 사랑한다. 예니보다도 고운 마음씨를.

어찌 할 바 몰라 마음을 동동 구르니….

내가 어찌 아니 느낄꼬?

그 좋던 몸매가 야위어 가고, 그렇게 촉감 좋던 손등이 갈라져 벌게지고….

설거질 하느라, 유기농 야채 찾느라, 주문하랴, 닦으랴, 조리하랴, 녹즙 짜랴….

수많은 과정을 거쳐 한 컵의 녹즙이 나오면 나는 싫다는 표정이지….

투정 부리지….

맛이 없다. 거품이 싫다 등등으로.

못된 배우자 만나 고생이 많데이….

그래도 내심은 그렇지 않데이….

네 고생이 많이 안타깝데이….

좀 편하게 살아 보도록 노력해 보래이….

❦ 2005년 1월 10일

낮에는 틈나면 TV 보고, 포도즙으로 다이어트하고, 차 마시고, 수많은 약을 먹는다. 또 피곤하면 낮잠도 자야 한다.

맑은 정신이 나지 않는다.

주변이 아무래도 산만한 탓이다.

햇볕으로 사방이 밝고, 또 시선도 빼앗기고.

02:35. 이렇게 조용한 시간에 노트를 마주하면 좋은 생각이 나려니 하지만, 실은 대단히 좋은 생각이 떠오르는 것도 아닌 듯싶다. 그렇지만 이것이 편안한 시간인 것 같구만.

아범은 마음이 바쁘고 할일이 많은가보다. 실제로 그렇겠지만….

예니 하나만 보아도 쉽지 않을 줄 알지….

예니, 예은이 고 녀석.

생각보다는 힘든 나날이다.

오후만 되면 배가 부글거리고 먹기가 힘이 든다.

할멈은 먹는 것과 마시는 것이 목표인 것처럼 보채고….

누워 있다가 자면 안절부절못한다.

나는 먹고 마시는 파이프 기계가 아니노라고 설명하기는 역부족이지만….

할멈이 발상전환을 했다.

요사이 비타민 C를 엄청 많이 먹는 것에 주목했다.

미국에 전화하고, 이곳저곳 약국에 알아보더니 비타민 C가 문제란다.

비타민 C는 먹지 않기로 하고, 최박사와 의논하여 화요일부터 주사로 해결하기로 한다.

위는 괜찮은 건가?
요즈음 할멈은 쉬지 않고 날갯짓 하는 엄마새 같다.
거의 24시간을 일한다.
시간 일정에 따른 나의 약 관리, 나의 몸 관찰(?),
먹이 관리(주스, 우유, 새싹, 포도즙 등),
그리고 최소한의 자신 관리다.
먹는 것도 죄스러워(미안스러워) 서서(구석에) 먹고,
최소한으로 먹고(불쌍하다), 음식냄새도 자제하면서.

또 새롭게 생각한다.
씨앗도 싸게 사려고 생산자에게 연락해보고,
포도씨와 껍질을 말려서 분말로 만들고,
브로콜리도 액을 뺀 다음 말려서 분말로 한다.
나중에 밥 지을 때 넣는단다.
엄마새 같다.

❦ 2005년 1월 24일

위와 장이 구르릉 소리 지르며 소화불량증이 느껴졌다.

일요일이라 주사를 맞지 못하고, 코팅되어 위장장애가 거의 없다는 비타민 C를 5mg 물과 함께 마셨다. 설사를 한다.

문제는 내 몸이다. 주는 대로 뭐든지 소화해 내고 뱉어내면 되는데 그렇지가 못하다.

소화해 낼 능력이 없는 데 있다. 뱉어내고 바로 능력을 찾으면 좋은데, 회복해야 할 시간이 필요한 것이다.

위가 붓거나 아프면 어디 바로 낫던가? 며칠 다스려줘야 할 것 아닌가?

할멈은 수경 재배한 부로콜리, 켈리, 양배추, 적양배추 등등 비타민이 풍부하다는 새싹을 먹지 못하는 것이 안타까운 모양. 나도 그렇고. 그것을 먹고 나면 속이 알싸해지니 안타깝다.

어쩌면 좋나? 안타깝다.

빨리 위가 정상을 되찾아 작동하기 바란다.

욕심과 실제는 다르다.

위를 택할까? 욕심을 택할까?

할멈은 내 위가 좀 나아지면, 새싹으로 즙을 내서 먹어보잔다. 할멈이 신경을 많이 쓴다.

오후 3시 50분. 벌써 하루해가 저문다. 노루꼬리 같은 겨울 해라 했던가?

까치는 높이 난다.

바람이 일렁인다. 나뭇가지가 흔들린다.

햇볕은 석양인데도 이 책상까지 비춰준다.

정남향의 창이 넓으니 좋다. 겨울, 여름 다 좋다.

소나무가 좋다. 오솔길이 좋다.

글씨가 비뚤어지는 듯한 느낌이 든다.

1월도 다 갔다. 빠르게도….

비타민C 주사와 약값 등이 비싸다. 휴! 휴!

❦ 2005년 1월 25일

뭐했나?

뭐했나?

새싹 먹고 쑥쑥 컸지.

비타민C 주사 맞고 쑤욱 쑤욱 자랐지롱.

약 많이 먹고 병마와 싸웠지롱.

먹는 것이 부실하다고 생각 했는지 작전이 바뀐다. 의사도 단백질을 권한다. 생선을 추가했다. 2달 만에 맛보는 고기인데 생각보다는 별로이다.

역시 먹는다는 것도 이미지적인 것이고 감성적인 것인가 보다. 좌우지간 참았던 감성이 터진 듯.

마트에서 내가 먹을거리를 샀다. 모처럼 냉동 새우도 사고 할멈 먹을 소주와 초밥도 샀다.

할멈도 반대하지 않아서 좋았다.

한번쯤 져주는 맛도 있어야지….

새로운 상식이 박히기까지는, 상식이 제대로 박히기까지는 세월이 걸리는 것일까? 아니면 상식의 틀이 깨지는 변이가 필요한 것일까?

토마토는 익혀 먹는 것이 효과가 높다는 사실을 TV에서 요리 전문가 또는 영양사들이 그렇게 이야기하고 있는데도, 우리 할멈과 우리 아이들은 믿지 않는다.

왜? 참 이상한 일이다.

익혀서 먹으면 안 된다는 이유는 뭘까?

❦ 2005년 2월 9일

할멈의 우울증이 나타나다. 최 박사에게 우울증 약을 부탁했지만 약 부작용이 많은 할멈이라 안 된단다.

심각한 상황. 소주 한 병을 사다 줘본다. 어떻게 풀 것인가?

할멈 힘내세요. 투정하지 않고 잘 먹고 움직일게요.

왜 그렇게 힘들어 하세요?

조금만 긴장을 풀지 그러세요? 힘을 너무 주고 살면 더 힘이 들지요. 할멈, 긴장을 조금만 푸세요.

할멈 우울증 계속

곡기를 입에 대지 아니한다.

아이들과 통화. 어쩌나? 어쩔거나?

설날과 상관없이 할멈은 외롭고 힘들어한다.

열심히 살겠다.

할멈이 현미를 갈아서 만들어 준 떡과 가래떡 고맙다.

죽을 때까지 잊지 않고 가지고 갈게.

내일부터는 낮에도 좀 움직여 보자구요.

스트레스 푸는 방법도 생각해 보자구요.

외출! 할멈도 좋아했다.

덕포진에 나갔다. 차와 물을 준비하고.

숨이 차고 힘들었지만, 심호흡하고 바람에 파도치는 싸늘한 강하구를 보았다. 강화도와 김포 사이의….

❦ 2005년 2월 20일

운동으로 몸이 좋아진 것인지 아니면 단백질 섭취인지?

걸음에 약간 힘이 들어간다.

다리 힘은 어떻게 키워야 하나?

가슴은 약간 답답해 오는데….

낮잠을 좀 길게 잔다.

요사이는 땀도 많이 흐르고 몸에서 냄새도 나기 시작.

이제부터 신선에서 인간이 되려나?

날씨는 여전히 차갑지만 산 모양이 벌써 초봄의 색깔을 내민다.

계절은 숨길 수 없이 그 모습을 나타내는 모양.

하늘의 구름이 곱다.

홍삼 93포 찾아오다. 역시 나는 돈 먹고 사는 하마다.

빨리 안정을 찾았으면 좋겠네!

청산에서 칡뿌리 캐먹고 두릅 뽑고, 약초 캐서 산나물 먹으며 살아보면 어떨까?

맑은 시냇물에 발 담그고 가재 노는 것도 보고, 맑은 물에 사는 물고기 헤엄치는 것도 보고….

❦ 2005년 3월 1일

할멈은 여전히 새싹 씨 뿌리고, 나에게 걷어 먹이고 자신을 몰아세운다. 좀 쉬면서 하시면 오죽 좋으련만. 그런 걸 팔자라 하는 건가? 조금도 쉬지 않으면….

나는 마음만 타고 답답하다.

내재하는 자신만의 시간표가 있다. 있는 듯하다. 특이한….

아범과 통화.
둘째네 집 팔림. 새로 지은 큰집으로 이사 간단다 - 다행!
예니 아픈 중 - 화이팅!
할멈은 여전히 바쁘다. 여유 있는 날은 언제 오나?
달력을 넘기다. 세월은 빠르다.
봄바람, 아직은 차지만….
할멈 검정콩으로 흑두부 만들다. 근데 맛은 좀…. 하하!
고소하지만 좀 딱딱 했소. - 섭섭?
그래도 정성이 대단하잖소?

오늘은 저녁에 누룽지 국물을 주로 하였다.
차처럼 마시니 좋다. 좋다!

모든 일이 잘 풀렸으면….
열심히 사는 우리 가족에게 축복이!

❦ 2005년 3월 3일

할멈 고지혈증 약 처방.
약이나마 부작용 없이 제대로 맞으면 좋으련만….
할멈이 나 때문에 운동을 제대로 하지 못하고,
또 그럴 형편도 안 되고.

참으로 살아간다는 업무는 쉽지가 않다.
고생이 많은 우리 할멈…, 건강 화이팅.
내 다리에 반점이 많이 나타남.

할멈이 원래 걱정이 많은 데다, 반점을 보더니 걱정 또 걱정이다. 두고 보면 될 것을….

아범과 상의하고, 보고하고…. 아범은 별 수 있겠나?

또 눈?
어제 일인데도 기억이 없다.
시계의 날짜가 잘 맞춰지지 않아서 신경 쓰인다.
하루가 빨리 가고 있다. 수리해야 할 것 같다.
집안 청소가 약간 부담스럽다. 숨이 가쁘다.
힘내서 운동하자. 할멈이 독려한다.
아범이 보내 준 새로운 약이 도착했다.
치료 요법을 약간 바꾼다.

아범에게 수고했다 전화해 주다.
변이 불편하여 할멈에게 보고하니 또 걱정이 많다.
이것 참! 그렇게도 정성을 쏟는데 이럴 리 없는 것이, 할멈 마음이겠지.
그렇지만 어쩌나? 인체는 때로 그렇게 안 될 때도 있는 거겠지! 할멈 너무 신경 쓰지 마세요.
몸은 점점 붓고 무거워지고….

이거야 원! 참참참! 허허! 참참!

❦ 2005년 3월 14일

생 · 노 · 병 · 사!

이것이 생물의 흐름이다.

TV는 별로다. 스토리도 그렇거니와 이제 흥미를 부르지 못한다. 음악도 별로다. 산다는 것이 그런 것인가?

왠지 고맙고 빚지고…. 특히 할멈한테….

할멈이 불쌍하다. 나 때문에….

초밥이라도 사주고 싶다.

마트에서 왕만두를 찌기에 사줄까 했더니 싫으시단다.

맛있게 먹어 주었으면 얼마나 좋을까?

할멈은 나에게 진 적이 거의 없다. 고집불통 할멈.

할멈은 어제 밤늦게까지 인터넷 보더니 피곤한지 잠들었다.

약 한 알까지 모두 챙기려는 할멈. 너무 피곤하지 마!

마음에 여유가 생긴 것인지?

엊저녁부터(그 전부터) 할멈에게 사탕을 사주고 싶었다.

좋아하는 생선초밥을 사주고 싶었다.

생선초밥을 좋아하니까….

같이 먹어주면 좋겠지만….

할멈 맛있게 먹고 힘내세요.

건강하세요. 힘내세요.

나도 힘낼게요.

미국 전화번호로 우리 집에 전화가 놓여졌다. 미국 국내 전화 하듯이 다이얼을 돌리면 통화가 된다. 그 전화로 아들과 통화.

신기한 세상.

❦ 2005년 3월 20일

사고 4일째. 발을 물마사지하고 물통 나르다가 숨이 콱 막혔다.

이게, 이게 뭐야?! 숨쉬기가 불편. 눕기 불편.

X선 검사로는 그냥 근육을 다친 것 같다는데, 생각보다 등 아픈 게 쉽지 않다. 글씨가 엉망으로 쓰여 진다.

파스도 부치고 찜질도 하고 목욕도 해보지만 여전히 힘들다.

할멈은 특별한 데가 있다고 느껴진다.

가끔 자신 내에 불(?)이 있는 것 같다.

할멈은 나의 나약함에 화가 나는 모양이다. 나도 화가 난다.

나는 나대로 할멈은 할멈대로 무언가 급하다.

성질머리 더러운 우리들….

조화! 웃자! 평안! 평안!

❦ 2005년 3월 27일

장릉 내부 산책

땀이 조금 배었다. 걷기가 숨차지만 잘하고 있고 장하다.

너무 잘 먹고 있다.

행복에 겨워 눈물이 많아진 남자. 너도 늙고 병들어 봐!

— 가슴이 저려오는 이 일기가 남편 생애의 마지막 일기가 되었습니다.
봄기운이 돌고 있는 주말,
장릉에는 가족 나들이로 많은 사람들이 붐비고 있었습니다.
호흡이 편안하지는 않은 것 같았지만,
열심히 움직여 주어서 고마웠습니다.
이후 병세가 악화되어 병원에 입원 했습니다.
남편의 오래된 일기장을 펴 보는데
내가 써놓았던 편지가 한 장 뚝 떨어졌습니다.
예전 미국에 있는 아이들한테 가면서 써 놓았던
그 편지에 이렇게 쓰여 있었습니다.

자칫 허탈해질 수 있는 중년의 시기를 어쩌면 이렇게 만났다 헤어지고, 헤어졌다 만나면서 서로의 소중함을 확인하며 살 수 있는 것이 다행인 것 같습니다.

당신의 사랑 귀중하고, 나에겐 무엇보다 소중하고 필요한 것입니다. 만일 이런 시련마저 없다면, 천사가 우리를 부러워하여 시기할지도 모르니, 이 시련을 하나님께 감사하며 떠나렵니다.

두 달 동안 외롭더라도 건강하시고, 우리들을 지켜주는 마음으로 힘내세요.

그리고 우리들의 세상 끝 날은 꼭 같이 가야 합니다.

꼭 나를 데리고 같이 가야 해요.

— 당신을 사랑하는 아내가

나는 그때 혼자 남아 외로울 남편을 위해 하얀 쪽지에 "여보 사랑해요"라고 써서 사방에 붙여 놓고 떠났습니다.

베개 위에, 냉장고 속에, 화장실 벽에, 거실 벽에, 남편의 옷 주머니 속에, 남편의 눈길이 머물 수 있는 곳이면 어디에나 써 두었습니다.

남편은 내가 돌아올 때까지 그 쪽지를 그대로 남겨두었습니다.

그렇게 오래 전부터 세상 끝 날은 같이 가자고, 나를 데리고 가 달라고 부탁했었는데…, 남편은 혼자 떠났고, 나는 따라가지 못했습니다.

나는 혹시 내가 먼저 세상을 떠나면 혼자 남을 남편이 걱정되어서, 가끔 부엌으로 남편을 불러 찌개 끓이는 법이랑 반찬 만드는 것을 보라고 하였습니다.

내가 먼저 가면 어쩌나 걱정했는데 그것은 정말 쓸데없는 걱정이었습니다.

나는 앞으로 남편의 일기를 읽는다든가, 편지를 다시 읽어보는 바보 같은 짓은 한동안 하지 않으렵니다.

얼마나 많은 눈물을 흘리면서 읽었던지! 또 얼마나 많은 눈물을 참고 읽었던지!

눈물을 흘리지 않고 볼 수 있을 때까지 접어서 곱게 보관하렵니다. 그런 날이 오리라고 장담할 수는 없어도….

추억이 많은 사람은 행복한 사람이라고 합니다. 남편과의 그 많은 추억들이 지금은 나에게 눈물만을 주고 있지만, 세월이 지난 후에, 나도 행복한 사람으로 남아있기를 기다리렵니다.

❦ 남편의 환갑

남편이 떠나기 일 년 전 6월이 남편의 환갑이었지만, 큰아들의 장인이 암 투병 중 타계하셨으므로 환갑행사는 10월로 미뤄졌습니다.

미국에 사는 아들들이 세운, 아빠를 위한 멋진 환갑여행 계획에 따라 세 집 식구가 모처럼 함께 정말 멋진 여행을 했습니다.

그랜드캐니언으로 가는 도중 깜깜한 밤하늘에 쏟아져 내리는 수많은 별도 보고….

나는 60 평생을 살면서 별이 그렇게 많다는 건 처음 알았고, 너무 아름다워 다시 차에 오르기가 싫을 정도였습니다.

그랜드캐니언의 해돋이도 장관이었고, 식사 메뉴도 골고루 너무 맛있었고, 분위기 있는 것들로 계획대로 진행되어 갔습니다.

난생 처음 듣고 보는 라스베이거스의 최고급 호텔의 펜트하우스라는 어마 어마하게 화려한 호텔방에 머무르며, 이 행복을 누가 뺏어갈까 두려웠습니다.

아들들의 효심에 감동하며 서울로 돌아왔고, 고마움과 행복으로 젖어드는 눈시울이 채 마르기도 전에 암 선고를 받고는, 세상이 온통 새까맣게 변해 버리는 것 같았습니다.

제10장 나빠지기 시작한 건강

약 3개월 반 동안 남편은 어려운 식이요법을 견뎌내며, 체육관에서 가벼운 운동도 하고 암환자가 아닌 것처럼 살았습니다.

그동안 남편의 검사 자료들을 미국에 보내서 언니랑 아들이 여러 의사와 상담해 봤지만, 하나같이 고개를 저었답니다.

2~3개월에서 6개월이라고 했습니다. 그래도 난 믿지 않고, 의지만 있고 노력하면 살 수 있을 거라 믿었습니다.

아니, 진행을 좀 늦춰서 몇 년만 견디다보면, 특별한 의술이 나올 수도 있겠지 라고 고집피우고 싶었습니다.

그러던 3월 어느 날부터 다리가 붓기 시작했습니다. 무서웠습니다.

아들들이 미국에 와서 투병하라고 졸랐지만 나는 여기서 조용히, 단둘이서 투병할 것을 고집했습니다.

남편도 아들네 집에서, 사랑하는 손녀딸 앞에 누워있는 모습을 보이기는 싫다고 했습니다.

그런데 다리가 붓기 시작하니까 갑자기 무서워지기 시작했습니다.

남편은 물건을 옮기다 허리를 삐끗 했다는데, 허리근육을 좀 다친 것 같다는 의사선생님의 소견이지만, 남편은 많이 힘들어 했습니다.

❦ 투병을 알리지 않음

나는 지금까지 투병하는 동안 친구 2~3 명을 제외한 다른 사람에게는 암 투병 중이라는 것을 알리지 않았습니다.

남편이 암이라는 걸 알리지 않은 이유는 남편도 원하지 않았지만 조용한 투병을 원해서였고, 내 얕은 생각으로는 여기 저기 알리면 그 속도만큼 빨리 암이 퍼져 나가는 것 같았습니다.

그냥 걱정이 돼서 안부를 묻는 좋은 의미의 전화이지만, "좀 어때요?"라고 누구나 묻는 그 질문에 할말이 없으니까요.

암 투병이라는 건 그런 질문에 답해 줄 수 있는 정답이 없었습니다. 그리고 그런 전화를 받을 때마다 투병하느라 힘든 상황이 새롭게 밀려 왔습니다.

암통이 없는 순간만이라도 암이라는 걸 잊고서 살고 싶었습니다. 식이요법에 시간도 많이 모자랐고요.

❦ 친구들의 방문

이제는 상황이 달라졌습니다.

남편의 암은 다른 곳으로 퍼지기 시작했고, 남편이 어쩜 곧 우리 곁을 떠날지도 모른다는 막연한 생각에, 남편이 떠나기 전에 보고 싶은 사람들을 만나야 된다고 생각되었습니다.

아들이 도착한 다음날 연락을 받은 대학 동창 분들이 당장 이 먼 곳까지 달려와 주셨습니다. 넓은 마루에 가득하게 와 주신 친구 분들이 너무 고맙고, 그분들을 만나니까 남편도 나도 마음이 든든하고 편안했습니다.

그러나 그날 남편은 약간 정신이 흐려지는 것 같았습니다. 약간 동문서답도 했습니다.

아들은 잠시 외출 중이었고 할아버지 옆에 손녀딸을 남겨두고 친구 분들을 배웅했습니다.

들어오니 남편은 정신을 잃고 의자에 쓰러져 있었고, 세 살배기 손녀딸이 할아버지 손을 붙잡고 손에다 뽀뽀하며, 할아버지 얼굴 보고 뽀뽀하고, 또 얼굴 보고 뽀뽀하고, 연신 뽀뽀를 하고 있었습니다. 어린 손녀딸이 보기에도 할아버지가 이상했던 모양입니다.

조금 후 남편은 정신을 차렸지만 여전히 이상했습니다.

❦ 병원에서의 투병

다음날 급히 병원의 친구 분께 전화해서 입원수속을 하고 정형외과에 입원했습니다.

시술이 되어졌지만, 계속 통증을 호소했습니다. 이제는 남편과 단 둘이서 투병하는 게 너무 무섭기도 하고 외로워졌습니다.

하는 수 없이 간병인을 구하고, 미국으로 가기 위한 수속을 하기 위해 간병인에게 부탁하고 다녀왔더니, 남편은 여자 간병인이 어려워 대소변을 참아서 배가 남산만 했습니다.

내가 돌아오니까 이것저것 모두 화장실이 급했습니다. 나는 맘이 많이 아팠습니다.

그 이후 남편은 적응해 나가기 시작했지만, 그러는 남편이 너무 불쌍해서 맘이 저려왔습니다.

하지만 내가 매일 계속해서 24시간 남편을 간병할 수는 없었으니까요.

❦ 공항에서 쓰러진 남편

큰아들이 병문안을 왔다가 미국으로 떠났습니다.

짐을 끌고 손을 흔드는 아들이 뿌연 시야 속에 희미하게 보입니다. 예전에 아들들을 미국으로 보낼 때마다 아들들 앞에선 절대로 눈물을 보이지 않았었는데, 주책없이 자꾸 시야가 흐려져서 아들이 보이질 않습니다.

큰아들에 이어 작은아들이 병문안을 왔습니다.

병원에서의 힘든 투병이 시작되었고, 강한 진통제가 투여되어도 잠을 이루지 못하고 심한 환상을 보는 것 같았습니다.

미국의 아들들 곁에서 호스피스를 받아보기로 결정했고, 아들과 함께 어려운 수속을 끝내고 공항으로 향했습니다.

공항에는 항공사에서 남편과 함께 근무했던 옛 동료들이 남편을 만나러 많이 나와서 기다리고 있었습니다.

그런데 많이 힘들어 보이던 남편이 갑자기 정신을 잃고 말았습니다.

정신을 잃은 남편은 119 구급차에서 몸부림을 치며 무슨 소리를 질러 댑니다. 쓰러질 때 혀를 깨물어서 발음이 정확하지 않았습니다.

응급대원이랑 회사 후배, 여러분들이 남편을 붙잡고 있지만 몸부림을 당해내지 못합니다.

공항에 있는 간의 의료센터에서 응급처치 후, 도중에 다시 큰 병원에 들러서 여러 가지 검사를 했습니다.

다른 응급 환자와는 달리, 응급실 옆 커다란 강당 같은 곳에 덩그러니 혼자 누워서 몸부림치며 무슨 소린가 질러 댑니다.

어디서 흘렀는지 여기 저기 피가 묻어있고, 소변은 온 몸을 적시고 있고, 팔 다리는 꽁꽁 침대에 묶여 있습니다.

몇 시간이 지난 후 남편이 입원해 있던 병원으로 왔습니다.

입원했던 병원이라 별다른 검사는 없었지만, 코에는 음식 투여 고무줄이 꽂혔고, 소변 줄을 꽂겠다고 합니다.

난 울면서 소변 줄을 반대했습니다. 그날로 남편은 의료진에 의해 인간이기를 포기당하는 기분이었습니다.

암으로 까맣게 타서 세상을 떠나더라도, 몸에 여기저기 도움

받는 고무줄을 봐야 하는 것은 정말 견디기 힘든 것이었습니다.

❦ 남편만의 세계

작은아들도 미국으로 돌아갔습니다. 떠나는 택시 뒷모습이 보이지 않았고 눈물을 참느라 입술은 일그러졌습니다.

공항에서 119의 도움을 받았던 남편은 이제 미국으로 갈 수가 없습니다. 비행기 여행이 어려운 환자로 판단되었기 때문입니다.

이제부터 나 혼자 모든 걸 감당해야 합니다. 너무 힘들고 너무 무섭습니다. 내가 왜 그렇게 건방졌었는지 모릅니다. 이렇게 힘든 일들을 어떻게 혼자 감당하려고, 겁도 없이 혼자 해내겠다고 떵떵거렸는지 말입니다.

어느 날은 밤새도록 내 이름을 불러댔고, 어느 날은 밤새도록 사랑한다고 외쳤답니다.

남편은 거의 잠을 이루지 못하고 무슨 말을 밤새 떠들어 대던지, 아니면 두 손을 모아보려고 애쓰지만, 맞잡지를 못하고 하루를 허비하고 맙니다.

허공에 손을 저으며 대여섯 단어를 몇 시간째 계속 반복합니다.

내가 옆에서 재밌는 말로 바꾸어서 자꾸 유도하니까, 그 말을 따라하다가 조금 후 멈추었습니다. 그리고는 남편을 내려다보는 나의 코를 툭 치면서 "나 사실 당신이 많이 보고 싶어서 기다렸어. 이놈이 아주 재미있는 놈이거든"라고 합니다.

오랜만에 남편의 얼굴에 잔잔한 미소가 어립니다.

지금도 그 미소를 생각하면 좀 더 많은 시간 동안, 남편의 힘든 마음을 따듯하게 해 주지 못한 어리석음이 안타까워 조용히 눈을 감아 봅니다. 그런 남편이 너무 그립습니다.

병원 의료진의 애정 어린 도움으로 남편은 많이 회복되었고, 이제는 친구 분들과 친지들이 자주 문병을 와 주십니다.

남편도 이제는 친구들의 병문안이 좋은가 봅니다.

❦ 내가 꾼 꿈

아침에 병실 보호자용 침대에 누웠다가 잠깐 잠이 들었고 꿈을 꾸었습니다.

너무 아름다운 꽃동산을 가운데 두고 갈래 길이 있었습니다. 나는 이쪽 길에서 천천히 운전을 하며 어디론가 가고 있었고, 건너편 길에서 남편이 나를 불렀습니다.

남편은 건강한 모습으로 그곳에 서서 나에게 손을 흔들며 말했습니다. 나 여기서 기다릴 테니까 걱정 말고 빨리 갔다 오라고 했습니다.

너무도 화사한 꽃가지 사이로 남편 모습이 지나갔습니다.

남편과 나는 꽃 소식이 전해지는 봄이면 꽃을 찾아 참 많이도 여행을 했었지만, 그날 꿈속에서 본 꽃은 그동안 보았던 꽃과는 비교가 안 되게 아름다웠습니다.

한 번도 보지 못한 핑크 빛과 하얀 꽃나무가 동산에 가득했고,

그 꽃은 햇빛을 받아 너무 아름답게 반짝이고 있었습니다.

짧은 꿈에 이어 잠은 깼지만 눈을 뜰 수 없었습니다. 그 화려한 꽃동산에 취해서 눈을 뜨면 그 꽃동산이 사라져 버리니까, 눈을 뜨기가 너무 아쉬웠습니다.

그리고 나는 아들에게 말했습니다. 아무래도 아빠가 떠나실 것 같다고….

얼마 전부터 아들은 아빠가 떠나실 것을 모르는 엄마가 불쌍해서, 엄마에게 꿈으로라도 알려 주십사하고 하나님께 기도드렸답니다.

그런 꿈을 꾸고도 나는 남편이 떠나리라고 믿지 않았습니다. 아니 믿고 싶지 않았습니다.

❦ 마지막 카네이션

내과, 정신과, 정형외과의 협의 진료를 받았습니다.

죽음을 바라보아야 하는 병이라, 정신적으로 많이 힘들어 하고 있었습니다.

겉으로는 절대로 아닌 척 했지만, 반복되는 이상한 행동들은 감당하기 어려운 투병 때문인 듯싶었습니다.

아빠가 조금이라도 더 정신이 맑을 때 보고 싶다고 큰 아들이 다시 귀국했습니다. 오래 머물지는 못하고 열흘 정도 있을 거랍니다. 아들은 아빠한테 뭔가가 일어나고 있다는 것을 예감한 것 같았습니다.

병실에서 어버이날을 맞았습니다. 아들은 일부러 어버이날을 맞추어서 왔나봅니다. 아빠께 드리는 마지막 카네이션을 아빠 침상에 달아드리고, 꽃바구니도 준비해 왔습니다.

스테이크가 먹고 싶다던 아빠를 위해 거금 들여 사왔지만, 남편은 한 입밖에 먹지를 못합니다.

가슴이 저려 옵니다. 너무 맘이 아픕니다.

그렇게 먹고 싶어 하던 스테이크를 한 입밖에 먹지 못했습니다. 이렇게 마음을 아프게 하는 스테이크가 도대체 뭔지….

❦ 병실에서 세례를 받은 남편

미국에서부터 아들과 함께 선교사님이 와 주셨습니다. 선교사님은 매일 병원을 찾아 거의 하루 종일 머물면서 정성을 다해 기도하며 위로해 주셨고, 남편은 마음이 많이 편안해지는 것 같습니다. 많이 고마워하기도 하고….

한동안 열심히 신앙생활을 하고 있을 때, 장모님의 간곡한 부탁에도 아랑곳 않고 절대로 세례 받기를 거부했었는데, 오늘 세례를 받는 답니다.

목사님은 먼 거리에도 세례에 필요한 모든 것을 준비해 오셨고, 세례문답 후 세례가 주어졌습니다.

가끔 정신이 맑지 못하기도 했지만 세례받기를 거부할까봐 많이 걱정을 했었는데, 세례문답에도 큰 소리로 답했고 순조롭게 끝냈습니다.

남편은 마음이 한결 편안해지는 듯했고, 나도 밀렸던 숙제를 마친 기분이었습니다.

호스피스

말기 암 환자에게는 마지막엔 치료 방법도 없고, 그냥 고통을 최소화하고 되도록 편안히 지낼 수 있도록 하는 게 최선의 방법이라서, 미국에서는 호스피스 제도가 굉장히 잘 되어 있습니다.

우리나라의 호스피스라 함은 봉사자들이 대화하며 돌봐주는 걸로 인식되어 있지만, 미국의 호스피스는 말기 암환자가 필요로 하는 모든 기구와 의약품은 물론, 의사와 간호사까지 동원되어 집에서 마지막 순간까지 편안히 지낼 수 있도록 무상으로 모든 도움을 주는 제도입니다.

우리나라에도 몇몇 곳에서 이 제도를 실시하고는 있지만, 아직 부족한 점이 너무 많았습니다.

이 상황에서 미국으로 간다는 것은 어려웠고, 우리나라에서 호스피스를 받아보려고 아들이 여기 저기 알아보고 애써봤지만, 마땅한 방법이 없었는데 선교사님이 해결해 주셨습니다.

어느 대학병원 원목으로 계시는 목사님이 침상세례도 해 주시고, 그 병원에서 끝까지 돌봐주시겠다는 약속을 받아 주셨습니다.

❦ 병원을 옮김

그리고 이틀 후, 담당의사는 끝까지 남편을 돌보려고 했는데 병원 방침이 더 이상 치료방법이 없는 환자는 계속 입원시킬 수 없게 되어 있으므로 퇴원을 해달라고 했습니다.

아들과 선교사님 모두 이곳에 머물고 있을 때, 병원을 옮기게 되어서 너무 다행이었습니다. 나 혼자 감당하기엔 많이 힘들었을 테니까요.

하나님께 감사드리는 것은 처음부터 끝까지 너무 완벽하게 우리를 위해서 준비해주심입니다.

그러나 난 하나님께 감사할 줄도 모르고 있었습니다.

순조롭게 병원을 옮겨 갔고, 우리가 떠난 후 그 병실은 대기 중이던 다른 환자가 곧 들어왔습니다.

그 날부터 다시 새 병원에서 투병이 시작되었고, 그곳이 고통 속에 머물던 남편의 마지막 피난처가 되었습니다. 그러나 남편은 친구 분이 계셨던 처음 병원을 더 좋아했습니다.

❦ 병의 빠른 진행

남편은 어느 때부터인가 가래가 많이 나왔고, 숨쉬기가 힘들다고 했습니다. 가슴 X선 촬영 결과 암이 폐로 전이되었고, 폐에 생긴 암이 기도를 옆으로 밀어내어서 기도가 휘어 있었습니다.

그 이유로 호흡이 많이 불편할 것이라 하였고, 어느 날 갑자기 암이 커가면서 기도를 막아 질식사 할 수도 있고, 심장으로 들어

가는 혈관을 막아 갑작스런 심장 마비를 일으킬 수도 있다고 했습니다.

나는 의사 선생님께 아들이 곧 돌아 갈 것이고, 남편이 갑자기 위독해지면 아들들이 서울에 도착할 때까지 이삼일 정도 생명을 연장할 수 있는가를 여쭤보았습니다.

의사는 고개만 가로저었습니다.

아들은 떨리는 목소리를 가다듬으며 "저희들이 임종을 지켜드리지 못해도 좋으니까, 억지로 생명 연장 같은 것으로 고통을 드리는 것은 원하지 않습니다. 끝까지 편안하시게만 해주십시오" 라고 정중히 부탁드렸습니다.

아들의 마음 씀이 너무 기특했습니다. 나보다 아빠를 염려하는 맘이 더 크구나 싶어서 콧날이 시큰해 왔습니다.

❦ 아들들의 빈자리

휴가가 끝나가는 아들이 며칠 있으면 또 떠납니다.

나는 조급해 졌습니다.

남편이 내 곁을 떠난다고 절대로 믿지 않고, 또 믿고 싶지도 않았지만 한편으론 준비를 해야 했습니다. 아들이 떠나고 나면 내가 또 혼자서 감당해야 하니까요.

괜스레 아들한테 투정도 부려봤습니다. 묵묵히 참아 주는 아들이 믿음직스럽고 고마웠습니다.

아들과 상의해서 그곳 장례식장을 둘러보았고 상담도 받았습니다.

임종하시고 이삼 일 후에 도착할 수밖에 없다면, 그 동안 영안실에 안치했다가 도착할 때쯤 빈소를 차리면 된다고 해서 그 문제는 일단 안심을 했습니다.

아들들의 도착이 늦어지면 빈소마저 나 혼자 지켜야 되니, 너무 걱정이 되었습니다.

택시로 아들을 떠나보내고 다시 혼자가 된 나는 병원 벽에 기대어 한참을 흐느꼈습니다.

너무 힘들고 너무 외로워서….

❦ 남편과 마지막으로 한 기도

호흡하기는 점점 어려워졌고 많이 힘들어했습니다.

남편이 너무 불쌍하고 애처로워 견딜 수가 없었습니다.

어느 날 호흡하기가 답답하다는 남편을 보다 못해, 우리 같이 기도하자고 제안했습니다. 기도를 잘 못할 것 같으니까 주기도문이라도 외우자고 했습니다.

남편은 기도를 하기 시작하는데 너무도 줄줄 잘 했습니다.

평상시 식사 때마다 오랫동안 기도를 하기에 무슨 기도를 하느냐고 물었더니, 비밀이라고 말을 안 했습니다. 그때 하던 기도 실력인가 봅니다.

기도 끝에 "아름답게 거둬가 주십시오"라고 3번을 반복했습니다. 그리고는 이어서 주기도문을 외우고, 다시 영어로 주기도문을 외우더니, 다시 주기도문의 음률만을 웅얼거리며 잠이 드는 것 같았습니다.

나는 흐르는 눈물을 주체하지 못하고 소리도 내지 못한 채 한참을 울었습니다.

기도하며 잠드는 남편의 모습이 너무 고마웠지만, 가슴엔 날카로운 아픔이 파고들었습니다.

❦ 남편의 사랑

언젠가 남편은 눈을 감고 한참을 조용하더니 갑자기 큰 소리로 외쳤습니다. 참 멋진 세상이었다고….

그렇게 두세 번 외치더니 눈을 뜨고 나를 바라보며 엄지손가락을 치켜세우고는 멋지게 살라고 멋지게 살라고 몇 번을 되뇌입니다.

삼십오 년의 긴 세월동안 입덧마저도 함께 하며, 그림자처럼 옆에 있어주고 모든 일에 그렇게도 자상했던 '당신.'

'당신'이 가고 없는 세상에서라면 내가 무슨 재주로 멋지게 살겠습니까?

남편은 자주 환상을 보는 것 같습니다. 이상한 소리를 많이 합니다. 강한 진통제 때문인 듯합니다.

❦ 남편의 나들이

어느 날 너무 답답하다고 바깥바람 좀 쏘이고 싶답니다. 그러나 침대에서 일으킬 수가 없습니다.

15도 정도만 상체를 올리면 허리통증으로 비명을 지릅니다.

바깥바람을 쏘이고 싶다는 남편을 그대로 침대에 누인 채로 보낼 수는 절대로 없었습니다.

어떻게 도울 방법이 없나 골똘히 생각하다 방법이 생각났습니다. 옆으로 누여서 옆으로 곧게 일어나면 허리가 구부러지지 않으니까 통증 없이 일어날 수 있을 것 같았습니다.

우리한테 이모, 이모부님 하며 따르는 한의사 한 분이 있었는데, 투병하는 동안 많이 찾아와서 돌봐주던 그분의 도움으로 드디어 남편이 일어나서 휠체어에 옮겨 앉았습니다.

늦은 저녁시간 비가 오고 있었지만, 우리는 1층 로비를 거쳐 병원 정문의 비를 피할 수 있는 곳까지 나갔습니다. 병원에 입원한 지 35일 만입니다.

아주 짧은 시간이었지만 우리 셋은 너무 행복했습니다. 그 한의사는 자기가 이모부님보다 더 행복하다고 했습니다.

그 다음날은 그분이 지방병원으로 가는 날이었습니다.

그분은 작년에 형님을 간암으로 떠나보내셨는데, 만일 이모부님이 떠나신다면 형님이 가셨을 때보다 더 마음이 아플 거라는 말을 남기며 눈시울을 적셨습니다.

그분마저 떠나버린 외로움과, 남겨준 고마움에 주르르 눈물이 흐릅니다.

그 이후로 남편은 매일 하루에 한두 번, 어떤 때는 세 번 잠시 잠시 병원 정원에 휠체어로 나들이를 할 수 있었습니다.

가끔 잘난 척하는 간병인이 자기가 똑바로 일으켜 보겠다는 고집에 맡겨도 보았지만, 결국 비명소리로 끝나고, 내가 제안한 방법으로 계속 나들이를 할 수 있었습니다.

나의 어리석음은 그 길로 계속 회복되기를 소망했습니다.

그러나 그 외출은 다만 며칠간의 외출로 끝났습니다.

그래도 그때 남편이 그렇게 하고 싶다는 나들이를 할 수 없었다면 지금 얼마나 맘이 아프겠습니까?

지혜를 주신 하나님께 감사드립니다.

남편의 식사

남편이 식사를 전혀 못하기 시작했습니다. 남편의 척추에 문제가 생겨서 처음 정형외과에 입원했을 무렵, 동창 한 분의 주선으로 미국에서 대체의학을 공부하고 계신다는 동창 분과 통화를 한 적이 있습니다.

그때 그분은 제가 해왔던 대체의학 방법을 듣고는 "좋은 것은 다 하셨네요"라고 하셨습니다.

미국에서 전통 있는 레스피를 알려 주시겠다고 그 분이 병원으로 전화를 하셨습니다.

몇 가지 야채를 두 시간 이상 푹 끓여 믹서에 갈아서 준비하는 일종의 야채 스프 같은 것이었는데, 다행히도 남편은 그 스프를 많이 좋아했습니다. 떠나는 날까지 그 스프는 계속 먹을 수 있었으니까요.

나는 그 스프를 만들기 위해 유명 슈퍼마켓에 들렀다가 눈물이 또 터져 나왔습니다.

겨울에 그렇게 구하기 힘들었던 유기농 야채들이 봄이 오니까 싱싱한 것으로 구색을 맞춰 준비되어 있었기 때문입니다.

그렇게도 구하기 힘들어 애를 태우게 하더니만, 봄은 요술을 부린 것 같습니다.

봄아! 내 남편에게도 요술 좀 부려다오.

작은아들이 큰아들 뒤를 이어 다시 귀국하겠답니다.

아빠 생일이 6월 10일인데, 그때쯤 맞추어서 휴가를 내겠답니다.

남편을 간병인에게 맡기고 집에 온 나는 레스피를 만들기 시작했고, 그렇게 맛있다고 하다가 먹지 못하고 입에 물고만 있던 붕어빵이 갑자기 생각나서 붕어빵 팔던 곳을 찾아갔습니다. 겨울철이 아니라 붕어빵은 온데간데없었습니다.

그 후 유기농 야채와 함께 붕어빵도 계절 속에서 나를 속상하게 만들었습니다.

남편이 떠난 지금도 슈퍼마켓에 가면 유기농 코너를 꼭 들립니다. 내가 식이요법을 하면서 처음 알았던 것이지만(왜냐하면 유기농은 비싸기 때문에 아예 식탁에 올릴 생각을 하지 않았었거든요), 유기농 야채는 야채 냄새가 일반 야채보다 상당히 강했습니다.

유기농 코너에서 향긋한 야채 냄새를 맡아보는 내 코는 금방 시큰해 옵니다. 남편에 대한 그리움에….

❦ 퇴원을 원하는 남편

남편은 조금 편안해진 것 같지만 아들의 귀국은 기다리지 않고 퇴원하자고 졸랐습니다.

담당의사께 외출을 허락해 주십사고 목이 메어 부탁드렸고, 의사 선생님께서도 허락해 주셨지만, 링거와 필요한 주사를 계속 투여해야 하는데, 손목은 혈관이 약해서 어깨에 있는 굵은 혈관에다 튜브를 삽입해야 한다고 했습니다.

남편은 시술하기로 한 날 새벽 6시부터 퇴원하겠다고 막무가내입니다.

하루를 집에 머무르더라도 병원용 침대며 산소 발생기 등 여러 가지를 준비해야 합니다.

오후 늦게 시술을 끝내고 병실에 온 남편이 기운이 너무 없어 보였습니다. "당신 많이 힘들었구나!" 하는 나의 말에 대답도 못했지만, 나는 그냥 마취가 좀 덜 깨었나 생각했습니다.

가정방문 간호제도를 신청했지만, 3일 후에야 방문이 가능하니까 링거 바꾸는 방법만 설명하고는 나더러 링거를 교환하라고 합니다.

❦ 남편의 퇴원

아침부터 퇴원하느라 진을 뺐는데, 퇴원을 하고 집에 오니 벌써 어두워지고 있었습니다.

남편은 계속 조용합니다. 다행히 동네에서 다니던 내과 선생님의 도움을 받을 수 있었습니다. 그 박사님은 간호사와 함께 방문까지 해주셨고 모든 것을 도와주셨습니다.

집에 도착했으나 남편은 어디인지 모르는 것 같습니다.

"여보 집에 왔어요. 이제 좋으세요?"라고 물었더니, 그제야 눈을 뜨고 천장을 바라보고 이어서 창밖을 내다보고는 엄지손가락을 치켜세우면서 "최고야" 했습니다.

남편이 정년퇴직 후 조용한 전원생활을 하고 싶어 해서 시내에서 좀 떨어진 아파트로 이사를 왔는데, 교통이라곤 몇 십분 만에 다니는 마을버스밖에 없는 곳이기는 해도, 앞쪽에 소나무로 가득한 동산이 있어 창밖 경치 하나는 일품이랍니다.

그 나무들을 보고 최고라고 한 것 같습니다.

의사 선생님도 돌아가시고 남편은 너무 안 좋아 보였습니다. 나는 울먹이며 "여보 아무래도 내가 잘못 생각했나봐. 우리 다시 병원으로 가자"라고 말했지만, "아이 엠 오케이"라고 말하면서 병원에 되돌아가기를 거부했습니다.

❦ 의식을 잃어가는 남편

남편이 너무 기운이 없고 좋지 않은 것 같아서 다시 병원으로 돌아가자고 권했지만, 계속 "아이 엠 오케이"를 합니다.

그리고는 손가락으로 이불 위에 'OK' 라고 반복해서 쓰고 있습니다.

어찌해야 좋을지 갈피를 못 잡고 있는데, 남편의 호흡소리는 완전히 가래가 걸그렁 거리는 소리가 납니다.

며칠 전부터 가래에 피가 약간 섞여 나오는 것 같았지만, 남편은 피가 묻은 휴지는 절대로 보여 주지 않았습니다.

나에게는 자기가 점점 나빠지는 것을 결코 알리려 하지 않았습니다. 항상 2~3일만 지나면 자기가 일어나 걸을 수 있을 테니 걱정 말고 기다려 보라고 위로했습니다.

나는 미련하게도 남편의 심각함을 제대로 알지 못했습니다.

약을 먹였는데, 잘 넘기지 못합니다.

다시 온 집안에 무섭기까지 한 무거운 침묵이 흐릅니다.

갑자기 옆에 누워있는 남편의 숨소리가 이상합니다. 놀래서 혈압을 재어보니 혈압이 자꾸 낮아지고 있어서 나는 119의 도움을 요청했습니다.

❦ 다시 119의 도움

나는 119가 도착할 동안 어찌할 바를 몰라서 남편을 불러보았지만 대답이 없습니다. 나는 거실만 뱅뱅 돌고 있었습니다.

119 구급대가 도착을 했고 병명과 몇 가지 간단한 질문을 하면서 구급차에 태웠습니다.

"할아버지! 할아버지!" 구급대원이 여러 차례 불렀지만 남편은 대답이 없습니다.

구급대원은 의식은 있으신데 기운이 없어서 대답을 못하는 것 같다고 했습니다.

이미 밤이 되어가고 있었고, 구급차는 요란한 소리와 함께 퇴근시간의 막힌 길을 뚫고 달리기 시작했습니다.

구급대원은 입원했던 병원까지 가기는 위험할 수도 있으니 가까운 병원에 들러서 응급처치를 하고 가는 것이 좋을 것 같다고 했지만, 나는 지난번 인천공항에서 돌아오던 일을 떠올리며 다시는 못하겠다고 했습니다.

새로운 병원에서 문진하고 어떤 치료를 시작하는 시간이면 그 병원에 갈 수 있을 테니까 직접 가자고 했고, 구급대원은 나중에 그 결정에 대한 서명을 요구했습니다.

달리는 구급차 속에서 남편은 너무 조용했습니다.

구급대원은 상황이 많이 좋지 않으니까 병원 응급실에 전화해서 준비를 부탁하라고 했고, 연결된 전화로 구급대원이 상태 설명을 자세히 하는 동안 차는 병원 응급실에 도착했습니다.

응급실에는 4~5명의 의사가 일렬로 서서 대기하고 있었습니다. 다행스럽게도 그 중에는 우리 병실 담당의사와 항상 같이 회진하시던 분도 두 분이나 계셨습니다.

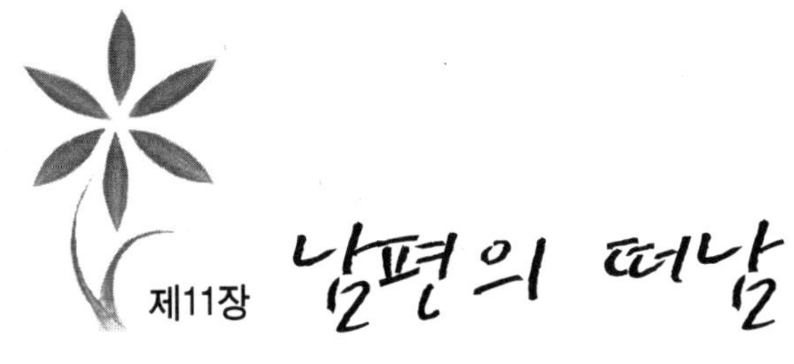

제11장 남편의 떠남

❦ 응급실에서

문진도 필요 없이 그 자리에서 응급조치가 취해졌습니다.

구급대원에게 서명하는 잠깐 동안 응급 팀이 조급히 말했습니다. 상태가 상당히 위급하니 심폐 소생술이 필요한데 보호자가 빨리 결정을 내려달라고….

나는 서명하다 말고 땅에 주저앉아 중얼거렸습니다. 아들이 아빠 편안히 가시게 해달라고 부탁했는데, 어쩌면 좋으냐고….

나는 눈물이 터지며 앞이 캄캄해졌지만, 정신을 똑바로 차리고 침착해야 된다고 자신을 추스르며 목 메인 소리로 심폐 소생술을 부탁했습니다.

남편이 있는 곳에 커튼이 닫히고 뭔가 분주히 움직여지는 것 같았습니다.

사정했지만 보호자는 들어갈 수 없다고 거절당했습니다.

미국은 새벽시간이지만 아들들한테 전화를 했습니다. 아빠가 이제는 가실 것 같다고 대충 설명하는 동안 의사는 두 번이나 상황을 알려주었지만, 희망은 전혀 없었습니다.

이미 심폐 소생술이 필요 없으므로 기구를 떼어내게 허락해 달라고 했습니다.

❦ 조용히 떠난 남편

나는 허락했고, 남편을 만나게 해 달라고 부탁했지만 다시 거절당했습니다.

나는 울면서 괜찮으니까 옆에 있게 해 달라고 애원했습니다. 커튼이 치워지고 튜브랑 여러 가지 기구들이 제거되는 모습이 보였습니다.

나는 잠시 남편을 만났고, 이 상태로 응급실에 오래 머무를 수 없으니 더 오실 식구들이 없으면 영안실로 옮겨야 한다고 했습니다.

다시 재촉하고는 하얀 시트가 씌워졌습니다.

영안실까지 긴 복도를 나 혼자 흐느끼며 따라갔습니다.

남편은 그렇게도 외롭게 떠나갔습니다.

냉동실에 남편을 남겨두고 집에 오니, 단 하루밖에 사용하지 못한 환자용 침대가 텅 비어 있습니다.

나는 침대를 붙들고 밤새 울었습니다.

떠나면서, 영원히 내 곁을 떠나면서도 이삼 일만 있으면 일어나 걸을 수 있으니 걱정 말라던 당신, 떠날 걸 알면서도 그 말밖엔 아무 말도 할 수 없었던 당신….

그 맘을 서로 잘 알면서도 나도 당신도 무슨 말이든 해야 하는 것 같았는데, 서로 아무 말도 할 수 없었습니다.

결국 사랑한단 말도, 기다리란 말도 하지 못하고, 보호자는 들어오지도 못하게 하는 응급실 커튼 속에서, 당신은 영원히 떠났습니다.

떠난 후에야 난 당신에게 짧은 입맞춤과 함께, "잘 가요, 지켜주지 못해서 미안해요. 이젠 편안할거야. 사랑 했어요"라고 울음 섞인 목소리로 귀에 대고 속삭일 수밖에 없었습니다.

그 힘들었던 삶을 조금이라도 연장시켜 보겠다고 심폐 소생술을 허락하고 나서, 주저앉으려는 두 다리로 겨우 버티고 서서, 응급실이라 우아한 척 소리 내어 울지도 못했습니다.

입술을 깨물며 소리 없는 눈물로, 당신을 떠나보내야만 했습니다.

❦ 남편의 마지막 모습

그렇게 힘들다는 말기 암의 투병과 마지막 심폐 소생술을 겪어낸 남편.

평소 아들들이 "우리 아빠 인내심은 정말 대단해"라고 입버릇처럼 말하던 것을 증명이라도 하듯 그 어려움을 참아내고, 너무나 평온한 표정이었습니다.

금방이라도 눈을 뜨고 씨익 웃어 줄 사람처럼 평온했습니다.

아들들 말대로 천국에 가느라 그리도 평온 했는지, 아님 그 힘겨웠던 투병을 마무리해서 평온했는지….

지난날, 언제나 내 곁에서 잠들었을 때보다 더 평온해 보였습니다.

나는 벽제에서 몇 조각의 당신의 뼈만 안고 돌아왔습니다.

이제 나에게 남은 현실은 뼈가 담긴 이 상자와 상자 위로 모아져만 가는 마음의 아픔뿐입니다.

제12장 고마움의 편지

❦ 고마움의 편지

오늘부터 장마라고 합니다.

오늘은 많이 울었습니다.

비가 그치고 개구리가 울고 있습니다.

"조용히 해봐. 개구리 소리가 들리지 않니?"라고 말하던 당신의 흥분 섞인 음성이 들리는 듯합니다.

당신의 장례식에 참석하셨던 분들, 벽제에서 당신의 마지막 모습을 함께 지켜 주셨던 당신의 친구 분들이 너무 고마워서 또 눈물이 흐릅니다.

그 분들에게 제 마음을 전하려고 편지를 썼습니다.

❦ 편지 1

얼이 빠진 며칠을 보내고 있습니다.

무엇인가 소식은 전해야 할 것 같고, 대학 동창 분들에게 많은 사랑과 도움을 받아서 며칠 동안은 그 사랑 먹고 살아 나가는 것 같습니다.

7월 초에 아들 따라서 고인의 유골과 함께 미국으로 갈 예정입니다. 오래 있지 않고 돌아올 예정이지만, 떠나기 전 고인의 친구 분들과 식사라도 나누고 싶습니다.

항우울제의 도움을 받고는 있습니다만, 고인과 함께 한 세월에는 항우울제도 힘이 모자라나 봅니다.

훌륭하고 멋진 친구들의 사랑 때문에 고인의 마지막 가시는 길이 결코 외롭지 않았을 거라 믿고, 좋은 곳에 영원히 안주하리라 굳게 믿습니다.

도움이 필요하면 언제나 달려와 주시던 친구 분들, 이젠 고인과 함께 멀어진 것 같아 가슴이 저려 옵니다.

제 생의 반쪽이었던 고인의 떠남은, 반쪽만의 떠남이 아니라 저의 육신과 슬픔만 남기고 모든 것을 가져간 것 같습니다.

두발로는 버티기 힘든 저에게 앞으로도 계속 버팀목이 되어 주시길 바라며, 고인을 대신해서 다시 한 번 깊이 고개 숙여 감사드립니다.

고인이 떠나는 길목을 묵묵히 지켜 주시던 사랑어린 친구 분들의 모습, 서러운 맘에 고이 간직했다가 고인을 생각할 때마다 조금씩 꺼내어 생각하렵니다.

이 세상에서 저를 제 부모보다도 사랑해 주고 이해해 주었던 고인에게 떠나는 순간까지도 최선을 못한 것 같아 눈물을 삼킵니다.

푸른 창공을 멍하니 바라보다, "어떡하나 어떡하나" 수없이 중얼거려 보지만, 해답이 없어서 깊은 한숨으로 대신해 봅니다.

세월 속에 묻기엔 35년의 세월이 너무 길고 제 가슴속에 묻기엔 제 가슴이 너무 작아서 마냥 안타깝기만 합니다.

그래도 정말 멋진 친구 분들이 곁에 있으니까, 힘껏 견디어 내렵니다.

앞으로 많이 응원해 주세요.

한 분 한 분 인사드리는 것이 예의지만, 우선 편지에 고마운 맘을 담아 보냅니다.

— 미망인 박명숙 올립니다

편지 2

지난번 주신 전화 통화로 많은 위로를 받았습니다.

장례식장으로 울먹이며 전화 하셨던 음성이 아직도 지워지지 않습니다.

보내주신 조의금도 감사히 받겠습니다.

여러 가지로 위로해 주심을 고개 숙여 감사드립니다.

오늘은 장맛비가 시작되었답니다.

고인이 생각나서 많이 울었습니다.
얼마나 울어야 내 마음 깊은 곳으로 감춰질는지….
잊혀지게 해달라는 기도는 안 하렵니다.
그냥 마음 깊은 곳에 머물러 주기만 해도 숨을 쉴 수 있을 것 같습니다.
가슴이 저려 와서 숨조차 쉬기 어렵거든요.
견디어야 할 텐데, 일어서야 할 텐데….
고인이 남겨 놓은 일들을 처리해야 하는데 지쳐만 갑니다.
아무 의미도 없는 생활.
그냥 삶의 끝을 향해 하루하루를 메워 가는 것 같아 더 서럽습니다.
어느 날 고인이 엄지손가락을 치켜들며 저한테 멋지게 살라고 하더군요.
제가 무슨 재주로 멋있게 살 수 있겠는지요?
그래도 오늘 하루 메웠습니다. 내일도 또 메워지겠지요.
이렇게 글을 보낼 수 있는 친구 분을 두셨던 고인에게 감사합니다.
고인은 정말 많은 사랑을 받고 간 행복한 사람입니다.
가끔 많이 울고 싶을 땐 편지를 띄우겠습니다.
고인을 사랑했던 맘으로 위로 부탁드립니다.
아들들이 떠나고 나니 주위에 기댈 사람이 없거든요.

— 고인의 아내 드림

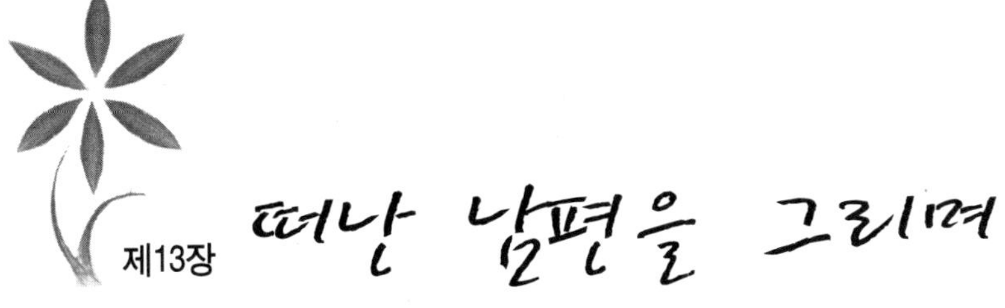

남편의 옷

남편이 떠난 지 여러 날이 지났지만 옷장 문을 열 수가 없습니다. 남편의 옷가지들을 보기만 하면 옷장 문을 붙들고 주저앉아 울어 버립니다.

너무 견디기가 어려워 옷을 정리하기로 했습니다. 아들들이 있을 때 도움을 받는 게 좋을 것 같아서 아들들과 열심히 정리했습니다.

필요한 사람에게 주는 것은 많이 조심이 되었습니다. 망자의 옷을 꺼릴 것 같아서요.

그래도 원하는 분께는 드리고, 고인과 함께 입던 커플 티와 고인이 즐겨 입던 옷 몇 벌만 남기고, 고인이 신던 신도 모두 정리했습니다.

이제는 텅 빈 옷장 속을 보기도 역시 힘듭니다.

고인의 책상은 그대로 두었습니다. 모든 것이 아픔으로만 다가옵니다.

❦ 아들의 출국

한 달가량 엄마와 함께 머물겠다던 아들이 오늘 떠났습니다.

큰 며늘애가 큰 교통사고를 내서 뒤처리를 해야 될 것 같기에, 망설이는 큰아들을 내가 밀어내듯 보냈습니다.

아들들의 떠나는 모습을 보는 게 힘겨울 것 같아서 출국장 입구에다 내려주고 그냥 왔습니다.

공항 고속도로를 운전해 오면서 이제는 정말 혼자 남은 적막감에 "여보, 나 이제 정말 혼자야. 나 어떻게 해, 나 어떻게 하란 말이야" 하며 엉엉 울었습니다.

아무리 울어도 시원한 것은 없었고, 남은 것은 나중에 날라 온 속도위반 통보서뿐입니다.

눈물의 대가는 비싸고 무서운 것이었습니다.

❦ 남편에게

여보!

당신이 생전에 그렇게 사랑하던 미국에 있는 아들 곁에 당신을 모시기로 결정했습니다.

내가 당신 곁으로 갈 때까지만 그곳에 모셨다가, 내가 당신을 따라가면 나와 당신의 골분을 함께 뿌려달라고 아들들에게 부탁했습니다.

친구는 이러는 저에게 "죽어서까지 뼈를 섞어야겠니? 지겹지도 않니?" 하며 조용히 웃었습니다.

그렇게라도 하고 싶은 걸요?

당신이 떠난 지 한 달이 지났습니다. 혼자 있기가 많이 힘들었지만, 이제 아들 곁에서 한 달쯤 지내면서 당신의 안식처를 마련하려고 합니다.

그래서 당신의 마지막 모습이 담겨져 있는 병원에 영문 사망진단서를 만들려고 갔었습니다.

겨우 며칠 동안, 그렇게도 어렵게 휠체어에 몸을 담고 함께 산책했던 병원의 작은 공원도 들러보았습니다.

마냥 흘러내리는 눈물은 창피하지도 않았고, 닦아내지도 않았습니다. 닦아내도 금방 또 흘러내릴 테니까요.

여보! 당신이 그렇게도 싫어하던 이 병원, 결국 이 병원을 떠나심으로 내 곁에서도 떠나셨습니다.

지금은 행복하시겠지요?

육체의 고통도 없고 삶의 고달픔도 없는 그곳에서….

당신을 끝까지 지켜주지 못해서 많이 미안합니다.

국립 암센터에서 사망 선고를 받고 암에 대해 아무런 조치도 할 수 없다고 했을 때, 그래도 우린 대체 의학에 기대를 걸고 꼭 이겨낼 수 있으리라 믿었었는데, 그 방법으로도 당신을 지켜 드리지 못했습니다.

당신은 우리가 지켜 주리라 믿고 있었는데….

그래도 병원에 다시 입원하기 전 4개월 동안, 우린 거의 당신이 암 투병을 하고 있다는 것을 잊고 살았던 것 같아요.

당신은 그냥 식이요법이 힘들어 투정하는 것이 전부였고, 나는 그러는 당신이 운동은 하지 않고 하루 종일 텔레비전만 보고 있다고 투덜거렸으니까요.

그냥 흔한 감기와의 싸움이 아니고, 암과의 싸움은 쉬운 일이 아니었으므로 나약해지면 안 된다는 생각에 알게 모르게 당신을 많이 다그쳤던 것 같습니다. 지금은 그것마저도 아픔으로, 진한 아픔으로 다가오지만….

그 아까운 세월을 우린 그렇게 허송하고 말았습니다.

당신이 그렇게 떠날 것을 미리 알았다면,

당신이 그렇게 가고 싶어 하던 여행이라도 멋지게 다녀올 걸. 회한의 서러움이 밀려옵니다.

우린 어떻게라도 당신을 지키고 싶었고, 식이요법 등을 하루도 거르거나 미룰 수가 없었습니다.

우린 하나님의 스케줄을 전혀 모르고, 멋대로 사는 아주 건방지고 어리석은 불쌍한 인간일 뿐인걸요?

〈바람 속에서〉

오늘 밤 이 지역에 많은 비가 내린답니다.

바람도 많이 불고 있어요.

창문을 모두 열고 세찬 바람 가운데 내가 서 있습니다.

이 세찬 바람 속에서 행여 당신을 느끼고 싶어서입니다.
후텁지근한 바람 속에 당신을 향한 아픔이 옵니다.
눈을 감아 보지만 아픔은 더 진해만 갑니다.

바람 따라 날아가고 싶습니다.
가다보면 당신을 만날 수도 있을까요?

당신이 떠난 지 한 달이 다 되어 가고 있습니다.
아직도 병원에 누워 있어서,
하던 일 끝내고 빨리 당신 곁으로 달려가야 할 것만 같아
조바심이 이는데, 벌써 한 달이라니요?

이제 나에게 남은 일은 당신을 만나러 가기 위해
다시 만날 날을 기다리며 그냥 하루하루를
메워 나가는 것 밖에는 할 일이 없습니다.
오늘 하루도 그렇게 보냈고,
내일도 또 다른 내일도 이렇게 메워지겠지요.

바람도 견디기 힘든지 조금 약해집니다.
약해진 바람이 약간은 불쌍해 보입니다.
언제까지나 힘차게 불어 댈 것 같더니만 조금은 지쳤나 봅니다.

❦ 내가 눈물을 흘리는 이유

귀여운 세 살배기 손녀딸이 "함머니!" 하고 달려오다가, 내가 흘리는 눈물을 보고 묘한 표정으로 도망을 갑니다.

내가 울고 있는 이유는, 당신의 떠나심을 받아들이기 힘들어서이고, 6개월 동안 인내로 투병하며 힘겨워하던 당신의 모습을 잊을 수 없음이고, 그 6개월은 나에게도 아픔으로만 남아있기 때문입니다.

그 6개월의 어느 하루도 투병하는 당신의 힘든 마음을 정성껏 달래 주지 못했습니다.

어리석고 건방진 나의 생각들은 그렇게 무서운 암과 싸우면서, 열심히 싸우면 일어날 수 있으리라 굳게 믿었었거든요.

그래서 열심히 암과 싸우기를 재촉했고, 그러다 보니 당신의 힘들고 아픈 맘을 어루만져 줄 여유가 없었습니다.

맘속에 담겨진 사랑을 다 표현하지 못해서 많이 미안하고, 후회스럽고 안타깝기만 합니다.

나에겐 아직 못 다준 사랑이 너무 많이 남아 있습니다.

맘만 먹으면 무엇이든지 할 수 있다고 생각했던 우리의 삶이, 우리가 아닌 나만의 삶으로 남아, 아무것도 못하게 되어 버렸습니다.

당신이 정말 보고픈데 다신 만날 수 없구나 생각하면 다시 눈물이 흐릅니다.

밥상 앞에 앉으면 "잘 먹었소" 하던 당신의 목소리와 그 모습이 그립고, 몸이 아프면 걱정해 주던 당신이 곁에 없으니 아픔은 더

해 옵니다.

꿈속에서 당신을 찾아 헤매다 깨어나서 비어있는 옆자리가 보이면 가슴이 저려옵니다

정년퇴직 후 2년 동안 단 몇 시간을 빼고는 항상 같이 생활했던 우리, 청소며 빨래며 집안일들을 같이 해주었던 당신….

지금 나는 혼자서도 잘 할 수 있지만, 자상하게 도와주던 당신의 손길이 그립습니다.

난 혼자 청소하면서도 "좀 도와주라…", 빨래를 하면서도 "이 빨래 너는 것 좀 도와줄래요…?" 하며 혼자 중얼거려 봅니다.

억지로라도 당신이 옆에 있다고 생각해 보고 싶거든요.

그러면서, 이렇게 생활하면서, 흐르는 눈물을 연신 손등으로 닦아 내며 스스로를 나무랍니다.

"정말 대책 없는 미망인이로구만…."

미망인

장례식장에서 남편의 친구가 조문객에게 나를 미망인이라고 인사 시켰습니다.

나와는 먼 것으로만 생각했던 미망인이라는 말이 나에게로 다가와 있었습니다. 말뿐 아니라 나는 미망인입니다.

아직 죽지 못한 사람이라는 의미를 가진 그 말이 내 삶의 의미가 되어버린 것입니다. 미망인이란 말과 함께 철저한 외로움을 만나게 된 것 같습니다.

남편이 떠난 서러움과 그리움, 그런 것들은 어차피 내 몫이지만, 다른 모든 것은 옛 그대로이기를 기대해 보지만, 현실은 그렇지 않은 것 같았습니다.

소복 입은 이조시대의 미망인과 외모만 다를 뿐, 내 의지와 상관없이 삶은 이조시대의 미망인을 닮아갑니다.

여행, 등산, 외식 어느 하나도 쉽지 않습니다. 단체 여행은 모르는 사람과 방을 써야 하고, 등산은 혼자 하기가 쉽지 않고, 외식할 때 찌개 종류는 거의 2인분 이상이니 혼자 외식하면 그런 것 먹는 것은 꿈도 꾸지 말아야 합니다.

친구들은 이제 거의 남편들이 정년퇴직하여 집에서 같이 생활하니까 예전처럼 자유롭지가 않습니다.

가끔 전화를 해주던 남편의 친구들도 전혀 전화 하지 않습니다. 그래도 나는 가끔 그들의 안부가 궁금한데…, 그것도 미망인의 몫인 것 같습니다.

금방 이민 짐을 메고 새로운 땅을 밟고 서있는 것처럼 어리둥절한 기분이지만, 언제까지나 이조시대의 미망인을 닮고 싶지는 않습니다. 여행, 등산, 외식, 모든 것을 나 혼자 할 수 있는 가장 좋은 방법을 찾겠습니다.

나이 들면 친구 사귀기가 힘들다고들 말합니다. 옛 친구 같지는 않겠지만 새로운 친구도 만들어 갈 것입니다.

오래 살고 싶지는 않지만 오래 살아야 되는 운명이라면 받아들이고, 어릴 적 열등의식과 싸워 일어설 때처럼 열심히 싸워 버텨 보겠습니다.

남편이 남긴 지팡이를 의지하며…, 두 개의 지팡이로 열심히 일어서렵니다.

❦ 내 뒤에 서 있던 남편

젊은 나이에 피난길에서 남편을 잃었던 친정엄마는 딸 다섯을 참 곱게 길러내셨습니다.

해방되던 해 겨울, 돌도 지나지 않은 나까지 데리고 남으로 오셨고, 6.25 전쟁을 치르며 남편을 잃었어도 딸 다섯 중 어느 하나에게도 이산가족의 아픔을 만들어 주지는 않았습니다.

어느 날 난 엄마에게 "엄마는 어떻게 피난길에 딸 다섯을 다 데리고 다녔어요? 참 대단해요"라고 말했더니, 대답이 없이 조용하셨습니다. 아마도 그때의 어려움이 입 밖으로 내놓지 못할 만큼 힘들어서 말을 아끼셨나 봅니다.

평생 어려운 일이 있을 때마다 아들 없는 것을 한탄하시면서도 집안에서 남자가 하는 일까지 쉽게 해내시던 엄마를 보고 따라하며 자란 나도, 못 박는 일에서 전기에 관한 일까지 나 혼자 할 수 있었습니다.

결혼을 하면서 남자는 그런 일들을 다 잘하는 줄 알고 있던 어느 날, 남편이 매어준 빨랫줄에 널려 있던 빨래들이 주르르 땅바닥으로 떨어져 버렸습니다. 방금 박아준 못이 빠져 버린 것입니다.

그 광경을 보시던 친정엄마는 "에이구, 거미줄로 방귀를 잡아

맸나? 어찌 늙은이 이빨처럼 흔들거리다 빠져 버린담?" 하시며 웃으셨습니다.

그 이후 웬만한 일은 다 내가 앞서서 처리하게 되었고, 남편은 그냥 내 뒤에 서 있었습니다.

나는 돈을 절약하는 일이라면 도배, 페인트 등 뭐든지 직접 했습니다.

아이들이 미국에 가고 나서는 옷도 직접 만들어 입고, 파마도 직접 하고, 시간도 무료하기도 했으니까 열심히 살았습니다.

그런 나를 보고 친구가 "너는 죽어서 땅에 묻힐 때, 손은 밖에 내놓고 묻어라. 그 손 땅에 묻히는 게 너무 아까우니까"라고 했습니다.

지금 생각해 보면 억척같고 눈치 빠른 마누라 뒤에 가려져 빛을 못 본 것 같습니다. 그런 일을 할 줄 모르는 보통의 여자를 만났으면, 참 일 잘하는 남편이었을 텐데….

몇 십 년이 지나다 보니까 남편도 곧 잘하게 되었습니다. 게다가 나이가 들어감에 따라 힘이 모자라, 모든 것을 내가 다 하며 살 수는 없더라구요.

내 뒤에서 그렇게 살던 남편이 아마도 자존심이 많이 상했을지도 모르겠다는 생각에 미안한 마음이 듭니다. 남편이 떠나고 나니 참 별게 다 미안하고 안타까워집니다.

남편이 옆에 있기에 그런 생활이 필요했던 것 같습니다.

남편이 떠난 지금 나 혼자의 생활에선 눈치 빠를 이유도, 억척같이 살아야 될 이유도 없어졌습니다.

그냥 흘러가는 대로 살아갈 뿐입니다.

남편의 만년필

남편은 유별나게 만년필을 좋아했습니다. 몇 개의 값비싼 고급 만년필을 지니고 있으면서도 누가 만년필을 선물하면 많이 좋아했고, 남편도 만년필 선물하기를 좋아했습니다.

정년퇴직 하던 날 큰아들은 만년필을, 작은아들은 시계를 선물했고, 그 시계와 만년필을 무척 좋아했습니다.

투병하는 동안에도 글씨를 삐뚤삐뚤 그릴 수 있을 때까지 그 만년필로 일기를 썼습니다. 남편의 일기는 몇 줄의 메모 형식입니다.

떠날 것을 미리 예견했던 남편이 그 만년필들을 아들들과 며늘아기들한테 하나씩 나누어 주었지만, 내 몫은 없었습니다. 나한테는 떠날 것을 숨기고 싶어서 인가 봅니다.

아들들은 "나중에 주세요" 하고 남겨두고 갔고, 그중 큰아들 몫의 만년필을 병실로 갖고 가서 서명하는데 사용했습니다.

병원에서 검사나 수술 전에 보호자의 서명을 요구하면, 언제나 내 아내에게 부담주지 말라며 굳이 본인이 직접 서명을 하곤 했습니다.

어느 날 글씨가 흔들려 그것마저도 못하게 될 때까지….

환자 돌보기에 정신이 없었던 나는 그 만년필에 신경을 쓰지 못했고, 남편이 떠난 후에 아들이 만년필을 찾기 시작한 후에야 그 만년필이 행방불명되었다는 사실을 알았습니다.

아들은 몹시 서운해 했지만, 만년필의 행방이 묘연합니다. 어디다 두었었냐고 남편한테 물어보고 싶습니다.

아직도 2~3개의 만년필이 그만의 필통 속에 남겨져 있고, 나는 가끔 쓰린 맘으로 만년필을 쥐어 봅니다.

❦ 정리하는 습관

사람들마다 정리 정돈하는 습관이 다릅니다.

결혼하기 전 내가 정리하는 습관은 며칠이고 정신없이 쌓아두었다가 어느 날을 택해서 깨끗이 정돈하고, 또 며칠씩 쌓아두곤 했습니다.

35년 동안 함께 살아오면서 남편은 양말을 벗어서 아무렇게나 던져버린 적이 단 한 번도 없습니다. 꼭 두 개를 포개서 빨래통에 집어넣곤 했고, 옷을 벗어서 던져 놓는 일은 더더욱 없었습니다. 벗으면 꼭 옷장에 걸어놓았고, 집에서 입는 막옷도 꼭 정리해 두고 나갔습니다.

꽤 깔끔히 산다고 했던 나는 오히려 빨래하려면 없어진 내 양말 한 쪽을 찾아 헤매야 했고, 두 다리만 쏘옥 빠져나온 내 바지는 종종 남편이 말없이 치워 주곤 했습니다.

외출할 때 꼭 챙기고 나가야 하는 것들은 미리 남편에게 부탁해 놓기만 하면 절대로 잊고 나가는 일은 없었습니다.

그렇지만 약속 시간에 늦을까봐 종종거리며 뛰고 있을 때에도, 쫓기고 있는 시간과는 상관없이 바닥에 떨어져 있는 휴지 조각 하나라도 휴지통에 버리고 나와야 하는 남편 때문에 짜증스러웠던 때도 있었습니다.

남편이 책을 읽고 공부를 하던 방은 지금도 내 손때를 묻힐 수가 없습니다. 어찌나 꼼꼼히 정리를 해놓았는지….

그런데 신기한 것은 그런 성격이 큰아들은 아빠를, 작은아들은 나를 닮았다는 것입니다.

작은아들이 어렸을 때 정리 정돈하는 문제로 아빠한테 여러 번 야단을 맞았습니다.

나는 웃으며 남편한테 "아무리 야단을 쳐도 제 눈에 지저분한 것이 보이지 않으면 고쳐지지 않고, 어느 날 그것이 보이기 시작하면 아무리 치우지 말라고 해도 정리하기 시작할 것이니까 기다려 주자"라고 했습니다.

결혼한 둘째 아들은 지금 아주 정리를 잘하며 살고 있습니다. 깔끔한 아내와 결혼해서 살다 보니까 지저분한 것이 보이더라나요?

❦ 영화관에서

남편은 영화를 상당히 좋아했습니다.

요즈음은 방안에서도 얼마든지 영화를 볼 수 있지만, 70년대 말에는 영화관이 아니면 볼 수 없는 때였습니다. 무슨 영화였는지 기억이 나지 않지만, 남편은 그 영화가 많이 보고 싶었나 봅니다.

하도 보고 싶다고 조르기에 남편의 의견대로 어린 두 아들을 재워 놓고 을지로 4가까지 따라갔지만, 아이들이 걱정되어 도저히 영화를 볼 수가 없었습니다.

아들들은 초저녁에 잠이 들면 한 번도 깬 적이 없었지만, 나는 견딜 수가 없어서 다시 반대쪽 전철을 타고 돌아왔습니다.

따라오는 남편은 못내 아쉬운 표정을 떨치지 못하는 것 같았습니다. 집에 오니 곤히 자고 있는 아들들한테 어찌나 미안했던지….

예전에 아들들은 우리가 미국에 도착하면 영화를 좋아하시는 아빠를 배려해서 좋은 영화를 선택해 두었다가, 도착한 그날로 영화를 보러 가자고 했습니다.

한 달 이상 집을 비우고 떠나야 하기 때문에 냉장고의 음식정리서부터 이것저것 집안 정리에 잠도 못자고 콩콩 뛰다 온 나는 썩 마음 내키는 일은 아니었지만, 아들들과 남편이 좋아하는데 반대도 못하고 따라나서곤 했습니다.

그날따라 영화관은 만원이었고, 우리는 거의 앞쪽에 자리 잡을 수밖에 없었습니다.

자기네들 셋은 자막 없는 미국 영화를 다 알아듣는 영어 실력이지만, 나는 거의 알아들을 수 없어서 눈치로 스토리를 만들어 가야 하는데, 그날 영화는 내용이 몹시 난해한 영화였습니다.

알아듣지도 못하는 말에 따라 정신없이 화면은 오락가락하고, 아무리 눈을 크게 뜨고 버티려고 애를 써도 덮어져 내리는 눈꺼풀의 무게를 이겨낼 수 없어서, 이내 깊은 잠에 빠지고 말았습니다.

거기까지는 그래도 좋았는데, 집안일에다 열 시간의 비행기 여행의 피곤까지 겹쳤던 나는 자다가 나도 모르게, "음~" 하는 신음소리를 내고는, 내 소리에 깜짝 놀라 눈을 번쩍 뜨고 보니 이게 웬일입니까? 바로 화면에 야한 장면이 나오고 있었습니다. 꼭 야한 장면을 보고 낸 신음소리 같았습니다. 그 영화 통 털어서 단 한 번밖에 없는 야한 장면에 딱 맞춰서 신음 소리를 냈으니….

아들들은 어쩌면 그렇게 정확한 타이밍을 맞출 수 있냐고 남편과 함께 키득키득 웃었습니다. 거의가 미국 사람들로 가득 찬 극장의 앞자리에서 자그마한 동양 할머니가 낸 신음소리가 너무 창피스러워 더 이상 졸지도 못하고, 극장에 불이 켜지자마자 도망치듯 나오고 말았습니다.

아들들이 결혼할 때까지도 영화관의 스케줄은 우리가 미국에 갈 때마다 계속되었고, 결혼 후에는 손녀딸도 태어나고 해서 나에게는 다행스럽게도 영화관에서의 고역은 끝이 났습니다.

지금은 두 아들 집에 모두 영상실을 꾸며놓고 영화관에서보다 더 편안한 영화를 즐길 수 있게 되었지만, 최근에야 완성된 두 아들의 영상실을 남편은 보지 못하고 떠났습니다.

"엄마도 집에다 영상실 꾸며 드릴까요?"라고 아들들이 묻습니다. "아빠도 없이 혼자 사는데 무슨…?" 하며 말끝을 맺지 못하고 내 대답은 끝나버렸습니다.

❦ 하고 싶었던 것들

누구나 하고 싶은 일들이 있지만 여러 가지 여건 때문에 못하고 지나가는 것이 참 많을 것입니다.

전혀 부모의 도움 없이 결혼했던 우리는 참아야 하는 것들이 더 많았고, 더구나 그는 금방 제대해 복학을 한 학생이었으니, 모든 게 어려울 수밖에 없었습니다.

그러나 우린 행복했고, 그렇게 시작한 나에게 그는 항상 위로를 잊지 않았습니다.

그 당시 개인 승용차를 가진 사람은 재벌을 빼고는 아마도 없었을 것입니다. 승용차는커녕 친구들이 곧잘 하던 택시 드라이브라는 것마저도 우린 생각할 수 없었으니까요.

친구가 드라이브 갔던 것을 자랑하고 가면, 그는 10년 안에 빨간색 뚜껑 없는 자동차를 사 주겠노라고, 그리고 지금은 여행을 다닐 형편이 안 되지만 우리는 늙은 다음에 지팡이 짚고 온 나라를 여행하고 다니자고 위로해 주었습니다.

그 상황에 그 말이 이루어질 것이라 생각하지는 않았지만, 그렇게 위로해 주는 그가 너무 고맙고 미더웠습니다.

그때 내가 생각했던 것은 "그래 지금은 못하지만 우리는 언젠가는 반드시 할 수 있을 거야"라는 막연한 기다림이었습니다. 기다림이란 마음을 설레게 하고 행복하게 만드는 것 같습니다.

내게 했던 그의 약속

사람들은 참 많은 약속을 하며 살아가고 있습니다. 그이도 나와 많은 약속을 했고, 내 기억으로는 모든 약속을 꼭 지켰다고 기억됩니다.

오직 하나, 오래 오래 함께 살다가 같이 가자던 말, 내가 만일 쓰러지면 자기가 휠체어를 끌어주며 챙겨주겠다던 말, 가장 큰 약속만은 지키지 못하고, 나를 이렇게 남겨 놓고 떠난 것 외에는 모두 지켰다고 기억됩니다.

결혼 전에도 우리는 만나기로 약속한 시간에 서로 늦은 적이 없었고, 같은 시간에 이쪽과 저쪽에서 동시에 나타나 만나곤 했습니다.

드디어 17년 만에 빨간색 승용차 대신 하얀색 승용차를 사주었고, 빨간색을 사자고 고집하던 남편을 졸라서 내가 흰색을 선택했습니다.

생활이 약간 여유로워지자 나는 수영을 시작했었고, 처음 그 차를 운전해서 수영장으로 가면서 한참을 울었습니다.

그는 전철을 타고 회사에 갔는데, 나는 수영하러 가면서 차를 몰고 가는 것이 너무 미안했고, 이렇게 나 혼자 행복을 누려도 되는 것인가 싶어서 눈물이 났고 많이 고마웠습니다.

지팡이

늙으면 지팡이 짚고 여행 다니자던 그 약속도 그는 지키고 떠났습니다.

우린 미국에 있는 친정 식구들의 도움으로 이민 수속을 했었고, 십여 년의 오랜 기다림 후에 이민을 결정하고 미국으로 갔습니다.

그러나 40대 후반에 들어선 남편은 우리나라에서의 사회생활이 어느 정도 안정되어 있었으므로, 미국 생활에 적응하기가 힘들어 보였습니다.

나는 생각 끝에 아이들만 남겨 놓고 우리는 서울로 돌아오기로 결정지었고, 그때부터 이산가족의 생활이 시작되었습니다.

아이들이 떠난 빈 둥지의 신드롬이 우리에겐 일찍 찾아오게 되었고, 그 외로움을 달래느라 많은 자동차 여행을 했습니다.

물론 운전은 내가 혼자 했지만, 우리는 먼 거리를 마다하지 않고 국토를 누비고 다녔습니다.

그때만 해도 휘발유 값이 비싸지 않을 때였으니까, 산과 바다 그리고 들판을 안 가본 곳이 없을 정도로 헤매고 다녔습니다.

남편은 섬을 가고 싶어 했지만, 하루 이틀 정도의 여유로는 섬에 갈 수가 없어서 정년퇴직 후에 가자고 약속했고, 서해에 있는 몇 개의 작은 섬만 다녀왔을 뿐인데….

그는 결혼 25주년 기념일에 지팡이를 두 개 사들고 왔습니다. 물론 꽃바구니와 함께.

등산용 지팡이로는 제일 좋고 비싼 것이랍니다. 나는 지금도 그 지팡이의 생산 처를 모르지만, 그가 입이 마르도록 설명하던 말에 의하면 여태껏 사용하다 망가져 버린 지팡이와는 전혀 다른 것이며, 끝 부분이 절대로 닳아 없어지지 않는 튼튼한 것이고, 혹시 지팡이를 짚고 넘어져도 절대로 망가지지는 않지만, 혹시 망가지면 평생 AS가 되는 것이라고 설명이 길었습니다.

써보니 좋긴 좋은 것 같습니다. 10년이 되었어도 아직도 멀쩡한 걸 보면….

그는 투병 중 산책할 때에도 그 지팡이를 사용했습니다.

지금은 주인 없는 지팡이 하나와 주인 있는 외로운 지팡이 하나가 현관에 나란히 서있습니다. 이제 아마도 양손에 지팡이를 짚고 다녀야 할까 봅니다.

❦ 남편의 운전면허증

남편은 15년 전 대학에 다니던 큰 아들과 함께 운전면허 시험을 치르러 갔습니다.

필기시험을 보러 가는 날인데 책을 한 번도 읽지를 않았습니다.

시험 치르러 갈 시간이 가까워지자 아들이 "아빠, 같이 공부해요. 아무리 그래도 초치기는 해야지! 안 하면 좀 어려울 걸요?" 그러는데도 전혀 관심이 없습니다.

아마도 자기 머리만 믿고 "이것쯤이야"라고 생각하며, 열심히 공부해서 만점 받고 온 나를 속으로 비웃고 있었나 봅니다.

두 사람을 시험장에 들여보내고 서성이고 있을 때, 시험을 끝내고 나오는 남편의 얼굴이 심상치 않았고 벌겋게 달아올라 있었습니다.

"아이구 머리야!" 하며 남편은 두통을 호소했습니다. 아니나 다를까? 아들은 합격했는데, 78점으로 불합격이랍니다.

아들과 나는 웃음을 참지 못했습니다. 나는 "국립대학을 나오면 뭐하냐고? 공부를 안 하면 떨어지는 게 당연하지!" 하며 웃어댔고, 아들은 "아빠! 그 30초가 결정적이었어요. 내가 하자고 할 때 들어보기라도 하시지" 하며 우리는 낄낄 웃었습니다.

그 다음번엔 책을 몇 분간 읽더니 합격했지만 나는 또 놀려댔습니다.

"진즉에 그럴 것이지! 자기가 무슨 천재인가? 책을 한 번도 안 읽었는데, 천재면 무슨 소용이야?" 하고 놀리니까, "와, 지난번엔 머리 깨지는 줄 알았다" 하기에 우린 다시 깔깔 웃었습니다.

그렇게 딴 운전 면허증이 다음엔 7년짜리 그린 면허가 되었고, 또 2년이 연장되어 지난 6월이 적성검사 기간이 되었습니다.

그동안 남편은 열 번 남짓 운전대를 잡았었고, 그중 한 번은 내가 미국서 돌아오던 날 김포공항까지 끌어다 놓은 것이 처음이자 마지막으로 혼자 가장 길게 운전한 것이었습니다.

운전하기를 정말 싫어했던 남편이 미국서 돌아오는 나를 위해 특별한 배려로 집 근처의 좁은 길을 마다 않고 끌고 나왔던 것입니다.

아직도 잔잔한 웃음이 배어나오게 하는 운전면허증은 9월 10일로 적성검사 마감일을 2일 남겨 놓은 채, 책상 서랍을 조용히 지키고 있습니다.

2일 후면 이 면허증의 의미도 없어지지만, 나에게는 크고 소중한 의미로 영원히 남게 될 것입니다.

동해에서

우리는 많은 날을 동해안으로 달려갔습니다.

자동차를 처음 구입하고 초보운전이란 팻말을 붙이고 나선 동해로의 첫나들이에서 영동 고속도로에 큰 사고가 있었고, 우리는 꼬박 열다섯 시간을 차에 갇혀 운전을 해야 했던 것을 시작으로, 시간만 허락되면 바다를 찾아 나서게 되었습니다.

4월에 결혼기념일이 들어 있는 우리는 4월이면 어디든 달려가는 버릇이 생겼고, 아직 초보운전이던 4월 어느 날 남편의 퇴근을 기다렸다가 저녁 늦게 집을 나섰습니다.

영동 고속도로가 아닌 국도를 이용해서 미시령을 넘기로 했고, 17년 전쯤의 미시령은 좁고 험했습니다.

눈이 올 것 같다는 예보에 걱정은 되었지만 "4월에 무슨 눈?" 그렇게 생각하며 길을 나섰고, 깜깜한 밤에 미시령에 도착하게 되었지만 입구는 평온하고 눈은 전혀 없었습니다.

미시령 휴게소가 1키로 남았다는 이정표를 지나는 순간 바퀴 밑에서 버적버적 얼음 깨지는 소리가 들려왔고, 잠시 후 까만 밤이 하얗게 변해왔습니다. 눈이 쌓였던 것입니다.

조심스레 올라가는데 옆쪽의 차가 비상등을 껌빽이며 서있었습니다.

나는 초보여서 눈에서 운전하는 상식이 거의 없었고, 내 차는 자동 변속기가 아닌 수동 변속기였습니다.

"저사람 왜 저러지?" 하며 그 사람을 걱정하는 동시에 내 차의 시동이 꺼졌고, 차는 자꾸 미끄러져 더 이상 앞으로 나갈 수가 없었습니다.

길은 좁아서 차를 돌릴 수도 없었고, 그 구불거리는 미시령을 후진으로 간다는 건 자살을 의미하는 거나 마찬가지였습니다.

어디가 절벽인지, 어디가 도로인지 알 수 없으리 만큼 눈은 하얗게 쌓여서 미끄러웠고, 남편은 차에서 내려서 수습할 길을 찾아보았지만 별다른 방안이 없어서 차를 돌리기로 결정했습니다.

남편의 신호에 따라 전진 후진을 십여 차례 반복한 후에 다행히 차를 돌릴 수 있었지만, 너무 무서워서 내 다리는 브레이크를 밟을 수 없을 정도로 떨고 있었습니다.

나는, 나만을 믿고 있을 남편한테 떨린다는 말도 못하고 정말 지옥을 다녀 온 기분으로 미시령을 내려와 진부령을 이용해서 숙소에 도착했을 때는 밤 12시가 넘어 있었고, 숙소의 슈퍼마켓은 이미 영업이 끝난 뒤였으므로 속초 시내를 뒤져 겨우 조그만 구멍가게에서 라면을 사다가 꼬르륵거리는 배를 채울 수 있었습니다.

나는 늦게까지 잠을 안 자고 밤새도록 미시령을 넘어오는 차를 세어 보았습니다. 제법 많은 차들이 잘도 넘어오고 있었습니다.

'나는 넘어올 수 없었는데, 저들은 어떻게 넘어 오는 걸까?' 궁금해서 다음 날 아침 일찍 해가 환히 비치자마자 미시령 통과를 다시 시도했고, 많이 무서웠지만 결국 성공했습니다.

모험심에 들뜬 마누라가 그 무서운 운전을 겁도 없이 다시 시작하겠다고 했을 때, 남편은 말없이 따라와서 옆에 앉아 주었고, 성공하자 나보다 더 좋아했습니다.

나중에 알고 보니 자동 변속장치로는 수동보다 운전이 훨씬 쉬운 것이었습니다.

❦ 동해의 아침 해

동해로 나들이를 갈 때마다 나는 해 뜨는 걸 보기 원했지만, 아침잠이 많은 남편은 일어날 수가 없었으므로 아이들과 몇 번 일출을 보러 나갔을 뿐, 남편은 함께 할 수 없었습니다.

아이들이 미국으로 가고 몇 년이 지난 어느 새벽, 일어나 보니 남편이 일출을 보러가자고 기다리고 있었습니다.

나는 너무 신기하고 놀라웠지만 마냥 행복하기만 했습니다. 이른 봄이라 까만 바닷가에는 젊은이들이 몇 쌍 나와 있을 뿐, 파도 소리만 들려오고 있었습니다.

그날은 구름 때문에 일출을 거의 볼 수 없었지만, 나에게는 어느 멋진 일출이 있던 날보다 더 멋진 날이 되었습니다.

남편은 내 어깨에 조용히 손을 얹으며 "살다 보니 이런 날도 있네? 내가 죽을 때가 다 되었나?" 했는데, 나는 왠지 그 소리가 거슬렸지만 우리는 바닷가에서 노래도 부르며 행복에 젖어 바닷가를 거닐었고, 그 이후 남편은 동해에서의 해맞이를 거르지 않게 되었습니다.

우리가 동해안을 자주 찾은 이유 중에 하나는 내가 미국의 아이들 곁에 일 년에 두 번 정도 한 달씩 머물다 오곤 했고, 아이들이 사는 곳에서 두세 시간 거리에 '레이니어'라는 유명한 산이 있었습니다.

그 산 정상에는 항상 만년설이 있었으므로 그 근처에 사는 한국인들은 그 산을 '눈산'이라고 불렀고, 우리도 마음이 답답할 때는 어김없이 그 산을 찾곤 했습니다.

남편을 서울에 두고 온 나는 남편과 같이 갈 수 없다는 게 마음 아팠고, 그 아픈 마음으로 바라보는 산은 크게만 보였고, 설악산보다 못하다는 생각이 들었습니다.

설악산 바위 사이에 끼인 듯 자라는 소나무와 그 소나무 내음이 그리웠고, 사철 푸르기는 해도 키만 큰 전나무로 덮인 눈 산보다는, 가을이면 단풍이 아름다운 설악산이 많이 그리워졌기 때문이었습니다.

더 중요한 것은, 설악산은 언제든지 남편과 같이 갈 수 있는 곳이었기 때문입니다.

❦ 눈을 좋아했던 우리

우리가 좋아했던 그 눈은 삼십오 년 전 4월, 우리가 결혼하던 날에도 몇 송이가 날렸고, 그가 떠나기 2년 전 100년 만의 기록을 세우며 많이 내렸습니다. 우리에게 난생 처음이자 마지막의 큰 눈이었습니다.

우린 그날도 너무 좋아서 코트를 입고 밖으로 나가 한참을 함께 걸었습니다. 가로등 밑에 내리는 눈은 참 고왔습니다.

베란다 앞, 동산에 있는 소나무와 어우러진, 그와 함께 보던 눈을 잊을 수 없습니다.

눈이 온다는 예보에 급히 검단산 정상에 올라 바라보던 그 눈도 잊을 수 없습니다.

눈을 만나러 가자고 제주도 눈꽃 축제에 갔더니, 제주에는 눈이 오지 않아서 한라산 정상에서만 눈을 볼 수 있었는데, 서울에 오니 그동안 많은 눈이 내려서 쌓여 있었습니다. 눈을 피해 다녔다고 속상해 했던 일도 잊을 수 없습니다.

우리는 눈 속에 많은 추억을 묻었고, 그 추억을 찾아내고 싶어서 다가오는 겨울을 기다리고 있습니다.

당신은 분명 이 겨울, 눈과 함께 조용히 나를 찾아 주리라 믿고 있기 때문입니다.

〈눈이 내리면〉

눈이 내리면
코트 깃을 세우고
길에 나서렵니다.

눈과 함께 찾아 올
당신을 맞이하러
길에 나서렵니다.

눈이 내리면
내 코트 깃 속에 손을 감추던
그런 당신을 기다리렵니다.

아무리 많은 눈이 내려도
우산은 사양하겠습니다.
당신이 내 어깨를 감쌀 수 있도록

눈과 함께 찾아 줄 당신을 맞으려
가로등에 기대어 서 있으렵니다.
불빛에 당신이 알아볼 수 있도록

눈이 오는 겨울은
아직도 까마득히
멀기만 한데

그리운 마음이 먼저 나서서
먼 하늘로 하늘로
눈을 기다립니다.

❦ 영동 지방의 폭설

유난히 눈을 좋아하는 남편과 나는 영동 지방에 많은 눈이 내릴 거라는 뉴스를 보자마자, 고속 터미널에 전화로 예약을 하고 강릉 경포대로 향했습니다. 눈이 보고 싶어서….

어떤 친구는 미쳤다고 하고, 어떤 친구는 참 재밌고 멋있게 산다고 했습니다.

버스에서 내린 우리는 눈 내리는 바다가 보고 싶어서 바닷가에 바로 붙어있는 숙소를 선택했습니다.

밤에는 정말 많은 눈이 내렸지만, 캄캄한 바다에 눈이 내리는 것은 보이지가 않고 뿌옇기만 했습니다.

새벽에라도 눈 내리는 바다를 볼 수 있을까?하고 커튼을 여니까 새벽 훈련에 열심인 군인들이 깊은 발자국만 남기고 지나갔습니다.

아침에 밖에 나가 보니 눈이 너무 많이 쌓여 교통수단이 모두 마비되어 버렸고 아침을 먹으러 나갈 방법이 없었습니다.

남편은 종아리까지 빠져드는 눈 속을 헤치고 가까운 구멍가게에서 라면을 겨우 구해왔습니다.

눈이 치워지는 대로 다시 서울로 향했지만 대관령을 넘는 것은 아수라장이었습니다. 그래도 우리는 즐겁기만 했습니다.

남편이 정년퇴직을 3~4개월 남겨놓았을 때 우리는 그동안 사용해 오던 회사 콘도를 마지막으로 사용하자고 속초로 향했습니다.

눈 덮인 울산바위가 마음을 훑고 지나갔습니다.

나는 그날 남편이 좋아하던 울산바위를 사진에 많이 담아왔습니다.

남편과 마지막 바라본 눈 덮인 울산바위의 모습….

울산 바위는 자기를 좋아해주던 남편의 눈길을 지금도 기다리고 있는데 그 눈길은 어디에 있을까요? 먼 곳에서 울산바위를 지켜보고 있을까요?

우리는 참 많은 곳을 여행했지만, 주어진 짧은 시간에 맞추느라 깊이 보지는 못한 것을 아쉬워했던 남편은, 이제부터 시간을 넉넉히 잡고 구석구석 다 찾아다니자고 말했었는데….

❦ 우리의 삶

장례식장에서 남편의 친구가 이렇게 전했습니다.

"이 친구가 점심을 먹으러 가재요. 그래서 따라갔더니 무교동 어느 구석 할머니가 하는 밥집으로 갔어요. 콩나물국과 김치밖에 없는 밥이에요. 그놈이 그렇게 살았어요"라고 했습니다.

멍하니 듣고 있었지만, 계속 아픔으로 맘에 자리하고 있습니다.

그렇습니다. 남편이나 나나 그렇게 살아왔습니다. 빈손으로 만나서 집 장만에 자식농사에 우리들 노후 대책에….

그렇게 살 수밖에 없었습니다. 게다가 본의 아니게 아들들을 미국에서 공부 시키게 되었고, 부모 곁을 떠나 있는 아들들에게는 어려움 없이 지내게 하고 싶었으므로 나는 그때부터 수영을 그만두었고, 외출복도 내가 직접 만들어 입었고, 미장원에도 가지 않고 파마 약을 사다가 집에서 혼자 파마를 하기 시작했습니다.

40여 년 전 친정 엄마가 미장원을 경영하실 때 머리 만지는 걸 보기는 했어도 지금과는 방법도 전혀 달랐습니다.

내가 여고를 졸업 했을 때는 엄마를 많이 도와주던 둘째 언니가 머리를 만져 주었고, 그 이후로 계속 미용실에 머리를 맡겨왔던 나에게 혼자 파마를 한다는 것이 무척 힘든 일이었습니다.

나는 열등의식과 싸워 나갈 때부터, 하겠다는 의지만 있으면 무엇이든지 못할 게 없다고, 노력하면 무엇이든지 이루어 낼 수 있다고 스스로에게 타일러 왔고, 노력의 대가는 반드시 있다는 걸 너무나 잘 알고 있었습니다.

처음 파마를 혼자 하던 날, 꼬박 12시간을 앉아서 결국 해내고야 말았습니다.

물론 미장원에서 한 것처럼 곱지도 않았고, 머리카락이 부드럽고 매끄럽지도 않았지만, 나는 만족했습니다.

그 이후 15년 동안 꼭 세 번 미장원엘 갔었습니다. 두 아들의 결혼식 때 두 번 갔었고, 큰 아들 결혼 시키고 너무 허전해서 내가 이렇게 살면 뭐하나 싶어서 미장원엘 한 번 갔었지만, 손과 손가락을 마사지해 주는데 아파서 견딜 수가 없었고, 이것저것 너무 생소해서 그 자리는 내 자리가 아니라는 생각이 들어 더 이상 미장원엘 가지 않았습니다.

아들들이 미국 생활을 한 지 15년이 지났고 지금은 한두 시간 정도면 파마를 끝낼 수 있는 선수가 되었습니다.

외출복은 가끔 사서 입고 수영도 다시 시작했지만, 파마만은 아직도 내 손으로 하고 싶고, 앞으로도 그렇게 하고 싶습니다.

가끔은 미장원에 가보고 싶을 때도 있지만, 15년의 세월이 미장원을 내게 생소하게 만들었고, 가서 차례를 기다려야하고 가끔은 듣기 싫은 수다도 견뎌야하는 것들이 나를 집에다 묶어 놓고 있습니다.

우리는 서로 열심히 절약하며 살았습니다. 남편이 항상 그런 검소한 점심식사를 한 것은 아니겠지만, 점심 식사를 그렇게 하고 있다는 것은 몰랐었고, 지금은 그것을 생각할 때마다 아픔만이 남습니다.

❦ 내 집 마련

우리가 처음 집을 장만한 것은 결혼 후 3년쯤 지난 후였습니다. 유난히 집 운이 없었던 우리는 3년 동안 눈물겹도록 이사를 다녀야 했습니다.

그때는 주인이 갑자기 집을 비워 달라고 하면, 부동산 소개료와 이사비만을 돌려받고 입주 일주일 만에라도 집을 비워줘야 했었고, 이사 들어가기 전이라도 집이 팔렸다고 하면 소개료와 이사비만 돌려받고 이사를 들어갈 수 없는 시절이었습니다.

깨끗한 집을 골라 구했던 우리는 3년 동안에 손가락이 모자라 발가락까지 빌려서 세어야 될 정도로 많은 이사를 다녀야만 했습니다.

이사 갈 집을 구하지 못해 친정에다 짐을 맡기고 들어가 살다가 집을 구해 나간 적도 여러 번 있었습니다.

그러다가 3년 만에 집을 장만했으나, 세상 물정을 잘 몰랐던 우리는 여러 번 손해를 보았고, 큰아들이 중학교에 다닐 무렵 집값이 정신없이 뛰는 것도 모르고 옛날 값에 팔고서, 전세 들어 있다 집을 완전히 날린 적도 있었습니다.

그러면서 집에 대해서 눈을 떴고, 22년 전 우연히 아파트를 2개 마련할 수 있었고, 은행 융자를 갚아 나가느라 정말 힘들게 살았습니다.

미국에서의 아이들 교육비가 많이 힘겨웠어도, 우리가 안 먹고 안 입더라도 노후 대책으로 그 집만은 지키고 싶었습니다. 결혼 초에 집 때문에 설움을 많이 겪었기 때문입니다.

그러나 우리는 그 집에 살 수 없었고, 전세로 다시 다녀야 했습니다. 강남의 전세 값으로 변두리로 이사를 하고 남는 것은 정기예금 이자를 받아서 모자란 살림을 채워갔습니다.

아이들도 자립해서 결혼하고 좋은 직장에서 편안히 살게 되자, 우리는 서울에서 사는 것을 포기하고 서울 근교에 자리를 잡았습니다.

교통과 문화생활은 많이 불편했지만, 공기 좋고 조용한 데서 살고 싶어서입니다.

그런데 어느 날부터 1가구 몇 주택 그러면서 우리가 투기꾼 취급을 받게 되었습니다. 보통 투기꾼은 그렇게 오래 집을 갖고 있지 않습니다. 22년 동안 오른 물가 계산은 하지도 않고….

집을 사지 않고 그 돈을 그대로 은행에 넣어 두었어도 그 당시 은행 이자가 비쌌으므로 큰돈이 되었을 텐데….

아마도 집 운은 죽을 때까지 없으려나 봅니다.

❦ 빈 둥지

10여 년 전쯤에는 집 근처에서 제비 둥지를 쉽게 발견할 수 있었습니다.

서울 변두리로 이사 했던 곳에는 아파트 복도, 우리 현관 앞에 제비가 둥지를 틀고 있었습니다. 알을 품고 있는 것 같았습니다.

어느 아침 제비 소리가 이상하게 요란해서 나가보니, 알 하나가 떨어져 깨져 있는데 피가 보입니다. 실수해서 떨어트린 것인지, 아니면 깨어날 수 없는 알이라 버렸는지 알 수는 없지만, 맘이 많이 아팠습니다.

거울을 가져다 어미가 없는 둥지를 몰래 들여다보니 아직도 두 개의 알이 더 있었고, 그 뒤로 며칠 더 어미가 알을 품고 있었습니다.

어느 날 동네 아이들이 복도에서 떠들어대기에 나가보니 빗자루로 제비를 쫓고 있었습니다. 나는 아이들에게 그러지 말라고 타이르고 보냈습니다.

다음날 아침 제비는 찢어지는 소리를 냅니다. 또 하나가 떨어졌나? 걱정이 되었지만, 제비가 행여 놀랠까봐 나가 볼 수가 없었습니다.

그날 이후 제비는 돌아오지 않았습니다. 거울로 들여다보니 깨어나지 못한 두 개의 알만 남아있었고, 찢어지는 듯한 아픔을 토하던 어미 제비를 다시는 볼 수 없었습니다. 나는 빈 제비 둥지의 쓸쓸함을 오랫동안 잊지 못했습니다.

아들들을 미국에 두고 온 후로 우리들은 반이 비어 있는 우리 집의 둥지를 지켜야 했습니다.

어느 날 마루에 불을 환하게 밝혀놓고, 소파에서 깜박 잠이 들었던 나는 잠이 깨는 순간, "어머! 얘들이 어디 가서 아직 안 왔지?" 그러나 돌아오지 않을 아이들이란 걸 안 순간, 너무 허전해서 견딜 수 없었습니다.

나는 친구들에게 "우리는 노후생활을 미리 연습하고 있노라"고 했습니다.

그래도 그때는 '우리'라는 그와 내가 함께 있었으므로 이겨 낼 수 있었고, 게다가 우리에게는 지켜주어야 할 아들들이 있었기 때문에 앞날을 설계하며 열심히 살 수 있었습니다. 우리는 열심히 운동을 하고, 등산도 했으며, 시간만 나면 전국을 누비며 즐거웠습니다.

지금의 나는 그가 떠나고 없는, '우리'가 아닌 '나 홀로', 반이 아닌 텅 비어버린 둥지를 지켜야 합니다.

그렇게 빈 둥지는 눈물로 채워져 가고 있습니다.

그러나 언젠가는, 둥지에 넘쳐나게 될 이 눈물로 빈 둥지를 깨끗이 청소해 내렵니다.

그가 사랑하며 머물다 간 이 둥지를 나는 지켜야 하니까요.

아들들의 미국 생활

아들들한테서 전화가 왔습니다.

어느 날 고등학교 1학년에 다니던 작은 아들이 늦잠을 자서

학교에 결석을 했답니다.

그날 오후, 즉각 보호자로 되어 있는 친정 언니한테로 학교에서 전화가 왔고, 미국에서 30여 년을 살아온 그 언니는 미국식으로 많이 변해 있었지만, 거기에다 한 술 더 떠서, 자기는 몰랐던 일이고, 그 아이는 형과 같이 살고 있지만, 형이 통제할 수 없는 아이라고 말했답니다.

하루아침에 착한 내 아들이 문제아가 되어 버렸습니다.

나는 너무 속상하고 가슴이 아팠지만 방법을 찾아내야 했습니다. 우리네의 생각으론 그럴 때 우선 아들을 감싸주고 도와줘야 하는 것 같은데 언니는 아닌 것 같았습니다.

15년 전쯤엔 미국 국제 전화료가 많이 비싸서 전화를 자주 할 수 없을 때였습니다. 가끔 전화를 해도 그 전화비가 가계 살림을 압박할 정도였으니까요.

그렇다고 매일 전화로 깨워 줄 수는 없고, 알람시계는 잠결에 끄고 자면 그만이고….

먹지도 못하고 밤을 꼬박 새우며 뒤척이던 나는 드디어 해결책을 찾았습니다.

그래 그렇게 하자!

그 방법은 아들들이 일어나야 할 시간에 여기서 전화를 두 번 울려주고 끊으면, 일어났다는 신호로 우리에게 다시 두 번을 울려주고, 답하는 전화벨이 없으면 아직 못 일어났구나 생각하고 다시 두 번을 울려주고 기다리는 것입니다.

우리가 계속해서 여러 번 전화벨을 울리면 우리가 할 얘기가 있을 때이니 전화를 받고, 아들들이 우리에게 할 말이 있으면 전화가 한 번 울릴 때 전화를 받아서 얘기하자고 약속을 했습니다.

전화벨을 매일 울려 주는 것은 통화료가 드는 것도 아니었고, 답하는 전화벨을 듣고 나면 오늘도 잘 지내고 있구나 하는 안도감에 궁금해 할 필요가 없었습니다.

아이디어는 내가 냈지만, 아이들이 자립해서 독립할 때까지 십여 년 동안 하루도 거르지 않고, 단 5분도 틀리지 않는 똑같은 시간에 전화를 걸던 사람은 남편이었습니다.

우리는 여행지에서도 전화를 했고, 운전을 하다가도 공중전화를 찾아 전화를 했습니다.

아침에 깨워 줄 필요가 없이 다 자랐을 때도 전화벨은 계속해서 울렸습니다. 그 전화벨 소리는 말없는 소식이었으니까요.

아무리 좋은 생각이라도 실천에 옮기는 사람이 없으면 빛을 볼 수가 없는데, 남편은 그 오랜 기간 동안 나와 아들들한테 그 약속도 성실하게 지켜 주었습니다.

지금은 핸드폰이란 것도 있고, 인터넷을 통해 싼 값에 얼마든지 전화를 할 수 있는 편리한 세상이 되었습니다.

지금 우리나라에 머물고 있는 내 책상 위에는 아들이 혼자 남은 나를 배려해서 놓아준 미국 번호의 전화가 놓여 있습니다.

국가 번호 없이 미국 국내에서 사용하는 것과 똑같이 사용하는 것입니다.

세월은 세상을 이렇게 바꿔놓았고 나날이 편리해지고 있지만, 어려웠던 지난날의 추억은 무척 아름답고 고귀한 것입니다.

❦ 아들들의 미국생활 2

나는 일 년에 두 번은 꼭 아들들한테 갔습니다.

다행이 시간차를 어렵지 않게 이겨낼 수 있어서 별 어려움은 없었습니다.

아들집에 도착하자마자 한국 상점에 들러서 김치거리를 사다가 김치를 담그고 반찬을 만들고 분주히 움직였지만, 돌아올 때면 더 바빴습니다.

냉장고 가득히 김치를 담아놓고, 온갖 밑반찬을 마련해서 냉동고에 차곡차곡 얼리고, 옷도 다 꺼내어 다림질해서 차곡차곡 접어두고, 집안청소 후 떠나오기 바로 직전에 쓰레기통 비워주는 것까지, 내가 도와 줄 수 있는 것은 조금이라도 더 해주고 싶어서 열심히 움직였습니다.

오래 저장했다가 먹어야 하는 음식들이니까 하루라도 늦게, 떠나기 직전에 준비해 주느라 어느 때는 밤을 꼬박 새고 오는 적도 있었습니다.

한 번은 남자 아이들이니까 생활의 어려움도 체험해야 된다고 생각되어 꼭 필요한 생활비만 남겨주고 왔습니다.

몇 개월 뒤에 미국을 찾은 나는 깜짝 놀랐습니다. 공항에 마중 나온 아들들 얼굴이 호빵처럼 불어나 살이 쪄 있었습니다. 이유인즉 엄마가 주고 간 돈을 아끼느라 몇 달 동안 메이커도 아닌 동네 작은 가게의 싸구려 햄버거만 먹고 살았다는 것입니다. 그리고는 빠듯하게 주고 온 돈도 남겨 놓았습니다.

한편으론 너무 기특해서 뿌듯했지만 아들들의 모습엔 눈물이

났습니다. 그 뒤로는 어려움의 체험 같은 어리석은 생각은 하지 않았습니다.

아들들은 곧고 착하게 자라 주었고, 지금은 미국 굴지의 대기업에서 열심히 일하면서 가정을 꾸미고 살고 있습니다.

그 어려운 미국 생활을 신앙으로 이기고 잘 커준 아들들이 대견스럽고 그들에게 고마운 마음뿐입니다.

혼자 있는 내가 걱정스러워 매일 전화로 안부를 물어오는 사랑스런 아들들입니다.

아들에게

— 몇 년 전, 결혼을 해서 우리들을 떠나 미국으로 향하는 큰아들 내외에게 나는 편지를 써서 주었습니다.

사랑하는 아들아!

네가 내 아들이고, 내 아들로서 부족함이 없이 잘 자라 주어서 고맙고 행복하다.

오래전 너를 미국에 보내놓고, 보내는 연습은 충분히 되어 있다고 자부했다만, 한쪽 둥지가 비어감에, 마음마저 비어감은 웬일일가?

세월이, 또 너희 둘이 메워 주겠지….

너를 키우면서 내 나름대로 순간순간 최선을 다했지만, 못내다 베풀지 못하고 보내는 것만 같은 아쉬움이 잔잔한 눈물로 번져가는구나.

사랑하는 아가야!

네가 내 아들의 한쪽 날개가 되어, 오늘 비로소 힘을 합해 세상을 향해 힘찬 비상을 시작하니, 이 또한 너무 고맙고 행복하다. 네가 내 딸이 되어주길 바람은, 내가 또한 네 엄마가 되는 것을 의미한다.

이런 일이 어느 날 갑자기 말 한마디로 이루어지는 것은 아니다. 하나의 생명에게는 잉태되고, 태어나고, 키워져가는 과정이 있듯이 너와 나에게도 많은 노력과 아픔 그리고 많은 세월이 필요하겠지!

그 동안의 과정에서 혹시라도 힘겨웠던 것, 서운했던 것이 있다면 다 잊고 다시 시작하자.

그 동안 내 딴에는 너를 향해 힘껏 외쳐보았지만, 때론 메아리가 들리지 않아 많이 초조하기도 했다만….

네가 어머니라 부르며 베풀어 준 모든 것, 비록 짧은 전화 한 통화까지도 지금 내겐 고마움으로 소중하게 남는구나.

부디 남편 사랑 많이 받아라.

내 아들 마음속에 들어 있는 따듯함을 모두 골라서 네가 누려라.

아들아, 너는 새애기 많이 아껴주고….

하여튼, 너희들이 내 아들이고 내 며느리인 이상 누구보다 행복해야 한다. 꼬옥 행복해야 한다.

물질과 마음 모두 축복받아 행복이란 행복은 다 챙겨라.

너희들의 행복은 곧 부모인 우리들의 것이란다.

그리고 따듯한 마음이 너희들의 '재산목록 1호'가 되길 바란다.

— 지금 큰아들 부부는 내가 바라던 대로
미국에서 행복하게 잘 살고 있습니다.
작은 아들도 우리의 둥지 다른 한쪽에 빈자리를 남겨주고
결혼을 했습니다.

❦ 핸드폰에 매달린 금거북이

둘째 부부도 미국에서 행복하게 살고 있습니다. 아들 둘 다 짝 지워서 잘 살 수 있게 보살펴준 남편이 많이 고맙습니다.

만약에 짝 지워 주지 못하고 남편이 떠났다면 내가 더 많이 힘들었을 텐데….

더욱이 착하게 열심히 사는 두 새 애기들을 만나 두 딸로 만들어 준 것은 남편이 쌓아놓은 덕 때문인 것 같습니다.

어느 날 친구들을 만난 자리에서 딸을 가진 몇몇 친구들이 핸드폰에 매달린 작은 금거북이를 자랑하며 나를 놀려 댔습니다.

장수하라고 딸들이 달아 준 것이라나요? 나에게는 딸이 없으니까 그런 것 달아 줄 사람이 없어서 불쌍하다고 놀려댔습니다.

며느리들에게 얘기 했더니 두말없이 저희들이 해드리겠다며 두 배로 큰 금거북이를 핸드폰에 달아주었습니다.

아직도 핸드폰에 달려있는 거북이를 만지작거릴 때마다, 딸이 된 며느리들의 마음이 따사롭게 전해옵니다.

❦ 잠실 대로에서

연애시절 남편은 내가 곱게 화장하는 것을 싫어했습니다. 화장을 하고 나가면 몰래 손수건을 꺼내 정성스레 바르고 나간 립스틱을 확 뭉개 놓기가 일쑤였습니다.

직장생활을 끝낼 때까지 나는 열심히 화장을 했었지만, 전업주부가 되고나서 화장하는 것은 거의 잊고 살았습니다.

나이가 들고부터 남편은 오히려 화장하라고 권했고 손수 화장품을 사들고 왔지만, 웬만한 나들이 외에는 화장을 잘 안하게 되었습니다.

외출복에도 신경 쓰지 않았고, 공항에 나갈 일이 있어도 그냥 좀 깨끗한 옷에 슬리퍼 비슷한 편한 신발을 신고 나가도, 나만 편하면 되었지 하며 다른 사람들의 시선은 전혀 관심이 없었습니다.

남편의 직장이 항공사였던 만큼 공항에 나가면 직원들을 가끔 만나게 됩니다. 아무렇게나 하고 다니는 내가 남편은 창피스러웠나 봅니다.

나는 남편이 해외 출장을 갈 때면 꼭 공항까지 나가서 배웅을 하곤 했는데, 그때만 해도 에스컬레이터는 공항에서나 볼 수 있었습니다.

에스컬레이터가 신기해서 타고 싶어 하던 아들을 데리고 배웅을 갔던 날, 아들과 함께 에스컬레이터에 발을 올리자마자 이제 그만 집에 가라는 것이었습니다.

그날은 그래도 화장도 하고 내 딴에는 멋도 부렸는데, 그래도 세련된 여자 직원들만 보았던 남편은 나를 보이기 싫었나 봅니다. 어찌나 섭섭하고 화가 났던지 그 길로 말없이 돌아서서 오고 말았습니다.

친구가 그럽니다. 뭐 하러 공항까지 나가냐고, 자기는 우아하게 집에 앉아서 "잘 다녀와~" 하고 만다고….

그 이후로 나도 우아해지기로 마음먹었고, 배웅 같은 것을 할 때는 공항까지 가지 않았고, 그냥 잠실에서 떠나는 공항버스 정류장까지만 나갔다 오곤 했습니다.

언제였는지는 기억이 안 나는 날이지만, 잠실 공항버스 정류장에서 잘 다녀오라는 나에게, 남편은 갑자기 도둑키스를 하더니 버스에 올라타고 맙니다.

그 넓은 잠실 사거리 버스 정류장에서 도둑키스를 당한 중년 여인은 어찌나 창피스럽던지 얼굴도 못 돌리고 집으로 오고 말았습니다. 다만 아무도 보지 못했으면 좋겠다는 바람으로….

집에 들어선 나는 창피한 마음은 여전했지만, 엉뚱스럽기 만한 남편이 사랑스러웠습니다.

❦ 사계절에 남긴 추억

아이들이 외국으로 떠난 빈 둥지의 외로움을 달래려고 승용차 여행을 많이 했던 우리는 사계절을 따라서 참 많은 추억을 남겼습니다. 그 추억들이 지금은 오히려 더 많은 그리움과 외로움을 던져 주는 까닭은, 아마도 내가 그 추억들을 사랑하고 있기 때문인 것 같습니다.

남편은 휴가를 얻거나 회사 근무 스케줄을 신청할 때, 미리 여행 갈 날짜를 선택해서 계획을 짰습니다. 신기하게도 날씨가 좋은 날을 잘 선택하곤 했습니다.

봄에는 벚꽃과 매화가 유명한 길을 따라 나섰고, 여름이나 겨울의 방학기간은 조용히 집에서 쉬었습니다. 가을엔 단풍 따라 헤맸고, 겨울은 눈을 따라 여행을 떠났습니다.

고속도로는 되도록 피하고 조용한 국도나 지방도로를 택했습니다. 가다가 조용하고 경치가 좋은 곳에서는 차를 세우고 커피 한 잔 마시는 일도 잊지 않았습니다.

잊지 못할 여행 중의 하나는 남편 친구 부부들과 6명이 찾았던 지리산과 남해에서의 일이었습니다.

쌍계사의 벚꽃축제를 좋아해서 자주 찾았던 우리는 그해에도 벚꽃축제에 맞추어 휴가를 만들어 긴 여행을 떠났습니다. 약속한 만남의 장소에 도착하니 날씨가 심상치 않았고, 곧 비가 오고 바람이 차가왔습니다.

길잡이였던 나는 평소처럼 편한 길이 아닌 지리산 종단 도로를 택했습니다. 입구 매표소에서는 산에 눈이 많이 오고 있으니 조금만 갔다가 다시 돌아와야 한다고 했지만, 내친김에 가기로 하고 산길로 들어섰는데 점점 눈이 많이 내리는 것이었습니다.

4월의 멋진 눈경치에 매료되어 우리는 사진을 찍었습니다.

그러다 얼마를 올라갔는데 눈이 너무 많이 쌓여 있었고, 친구분이 어려울 것 같다고 차를 돌리자고 했습니다.

우리는 차를 돌려서 우리가 자주 들리던 산속의 조용한 숙소로 향했고, 숙소 앞을 흐르는 계곡 물 소리를 들으며 소주 한잔에 담소를 곁들였습니다.

그해의 벚꽃은 여러 번의 여행 중에서도 보기 힘들었던 최고의 벚꽃이었습니다.

남해를 돌아 멋진 여행을 끝맺었지만, 우리는 2일 동안에 지리산에서 4계절을 몽땅 맛보았습니다. 눈 내리는 지리산과 아름다웠던 벚꽃, 계곡의 물소리, 남해의 파란 바다….

그 추억들과 함께 남편의 친구 부부들도 보고 싶어집니다.

초보 운전이었을 때 남편과의 여행길에서, 남편을 많이 힘들게 했었습니다. 미시령 눈 속에 갇혔던 일, 수안보 호텔에서 후진하다가 개울에 뒷바퀴가 걸려 당황할 때 남편이 테니스 치고 있던 분들을 불러와 차를 들어 올려 꺼냈던 일. 파라 호를 찾아가던 37번 국도의 한적함. 아리랑 발생지를 찾아 나섰던 정선의 아름다운 산 속. 우리가 유난히 좋아 해서 여러 번 찾았던 불영계곡. 바람 불던 날 찾았던, 유난히 파란 하늘을 머금고 있던 동해바다의 수중 무열왕릉. 돌산도. 사계절이 모두 아름다운 설악산에서 제주도의 마라도까지, 너무 많아 나열할 수 없는 사계절 속의 추억들이 나를 삼켜 버립니다.

내년 봄, 꽃소식이 전해지면, 나 혼자 고독한 여행을 다시 시작해 보렵니다. 남편과의 추억을 밟으면서…. 아마도 눈물이 많이 날 것 같습니다. 벌써부터 설레 이는 마음에 눈물이 고여 옵니다.

〈비익조*〉

비익조이었던 나에게
멋진 다른 쪽 날개가 되어준 당신
이제 당신이 내 곁을 떠났으므로
나는 다시 비익조가 되었습니다.

당신을 만나 삼십오 년의 세월 동안
당신의 멋진 날개 덕에
나는 힘찬 날개 짓으로 삶의 창공을 누볐습니다.

당신을 떠나보낸 나는
다시 한 마리의 비익조로 남아
한쪽 날개가 찢겨져 나간
상처의 고통마저도 견뎌내야 합니다.

눈앞에 펼쳐진 푸른 하늘은
나를 오라 손짓하는데
날아오를 수 없어 날개만 퍼덕여보는 나는
늙고 지친 한 마리의 비익조입니다.

가을의 들녘에는

---

*비익조: 날개가 하나밖에 없어서 날지 못하다가 다른 쪽 날개를 가진 새를 만나야 함께 날 수 있다는 전설의 새

볼 것도 들을 것도 넘쳐나는데
비익조가 된 나는 눈멀고 귀먹어야 합니다.

아직도 남겨진 상처의 고통은
지워지지 않는 당신의 모습 때문에
처절한 서러움으로 변해갑니다.

오늘은 참 많이 울었습니다. 당신을 보낸 후 이렇게 많이 울어 본 적도 없는 것 같습니다.

얼마나 울고 나면 당신이 좀 희미해질까요?

당신이 정년퇴직하고 조용한 노후를 보내고 싶어 해서, 시골스런 이 집으로 이사를 왔고, 벌써 2년 가까이 지났습니다.

이곳으로 이사 왔던 여름밤, 요란스런 개구리 소리가 신기해서 어린애처럼 좋아 했던 당신, 아직도 개구리는 울고, 아침이면 뻐꾸기 소리도 들리고, 이름 모를 새들의 맑은 아침 인사는 그대로 여기에 머물고 있습니다.

거실에서 내다보이는, 유월의 푸르름으로 휘감겨진 숲 속 작은 길엔 보일 듯 말 듯 오르내리는 등산객들도 여전합니다.

당신과 같이 오르내리던 그 길에 당신의 자리만 비어 있습니다. 당신의 빈자리가 너무 깊고 커서 나는 그 길을 쉽게 바라볼 수도 없고, 더구나 오르내릴 수는 더더욱 없습니다.

두 눈을 가만히 감고 생각해 보면, 당신과 나는 별로 재미없는 소리에도 곧잘 웃어대며 이 길을 걷곤 했습니다.

2년여 동안 당신은 너무 많은 모습을 이 집에 남겨 놓았기에, 눈을 조금만 돌려도 이곳저곳에서 당신의 모습이 나타납니다. 당신이 남겨놓은 이 많은 빈자리를 나는 무엇으로 메워야 할지 도무지 방법은 없고, 한 발자국이라도 움직이면 난 그 빈자리 속으로 마치 블랙홀에 빨려들듯이 들어가서 영영 나올 수 없을 것 같아 꼼짝을 못합니다.

다만, 눈을 감고 당신과 함께 웃고 있을 뿐입니다.

❦ 시애틀에서의 생활

당신을 가슴에 품고서 아들들이 살고 있는 시애틀에 왔습니다.

그동안 아들네들은 혼자 남겨두고 온 내가 걱정되어서 애를 태운 것 같습니다. 나도 여기에 도착하니까 그래도 조금은 편안해 집니다.

언제나처럼 큰아들 집에 머물렀고, 가까운 곳으로 이사한 작은아들네가, 당신이 계실 때처럼 매일 저녁 왔다가 갑니다.

당신은 작은아들이 밤에 집으로 돌아갈 때면 한 번도 거른 적 없이, 아들의 승용차가 떠날 때까지 지켜보다가, 떠나면 손을 흔들고 또 흔들면서 승용차의 불빛이 까만 밤 속으로 사라질 때까지 현관 앞을 지키고 있었습니다.

이젠 내가 당신의 자리를 대신하려고 현관 앞에 나와 있지만, 당신의 모습이 생각나 아들과 나는 더 이상 말을 잇지 못하고 목이 메고 맙니다.

당신은 참 많은 사랑을 남겼습니다. 예견하지 못했던 당신과의 이별 전쟁을 치른 후유증으로 나는 여기에 도착한 날부터 지독한 치통과 다리 통증에 시달리고 있습니다.

이곳에서 병원 치료를 받는다는 것은 많이 힘들었습니다. 우선 영어를 해야 하니까 아들이 근무 시간에 어렵게 나와야 했고, 치료비도 너무 비쌌습니다.

치통을 참아 낸다는 것이 불가능한 일이라 아들과 여러 차례 병원엘 갔었지만, 임시 치료라 다시 아파왔습니다.

당신의 유창하고 멋진 영어 실력 덕분에 당신과 함께 있기만 하면 늘 어려움이 없었는데….

치과 의사말로는 이 상태로는 비행기를 타는 것은 무리이고, 만일 탑승했다가는 비행기 문을 열고, 날아가 떨어지고 싶을 거라고 했습니다.

치통을 참고 이겨낸다는 것이 너무 힘들어서 주책없이 눈물까지 흘러내리기에 정원으로 뛰어나가 보지만 아픔은 더해왔습니다.

"여보 괜찮아? 우리 마누라 불쌍해서 어쩌지?" 하며 걱정해 주던 당신이 곁에 있었으면 얼마나 좋을까요?

〈당신이 머물고 싶어 했던 곳〉

당신이 머물고 싶어 했던 아들네 집에 와있습니다.

둘째네 집

정말 예쁜 집으로 이사 했어요.

둘째네가 큰 집으로 이사 가길 그렇게 원하시더니….
당신이 보고 싶어 했던 이 집을
나 혼자 보면서 콧날이 시큰해 옵니다.
어젯밤
예쁜 커튼도 달고.
돌아오는 길엔 반달이 예쁘더라구요.
손녀딸 예니한테 전화 걸어서 "달 봤니?"라고 묻던
당신의 음성이 귓가에 있습니다.
멀리 떨어져 있는 손녀와 달이라도 공유하고 싶었던 거지요.
그 예쁜 손녀는 말합니다.
할아버지는 구름타고 하늘나라 가셨다고
그리고 할머니는 눈물만 흘리신다고
당신이 함께 머물고 싶어 했던 이 순간들을
지금 나 혼자, 아픔으로 머물고 있습니다.
이곳에서도 난 당신 생각에서 헤어나지 못하고
여기저기, 구석구석에서 당신을 만납니다.
벗어나 보려고, 아픈 다리를 끌고 정원 일을 해보지만
"힘들다, 이제 고만해라" 하며 빙긋 웃던 당신의 모습이
정원의 꽃잎마다 피어있고
뽑아내는 잡초에서까지 묻어납니다.

새벽입니다.

잠 못 이루다가 일찍 일어나 뒤뜰에 나와 앉았습니다.

큰 아들네 집 뒷 정원, 아침이면 당신과 함께 앉아 있던 의자에 등을 기대고 눕듯이 앉아 시간 가는 줄 모릅니다.

바람이 가느다랗게 불어옵니다. 나무 내음, 풀 내음이 상큼합니다. 장미 세 송이가 금방 피어날 것처럼 마냥 부풀어 있습니다.

당신과 내가 심어놓은 수국, 국화, 팬지, 이름 모를 꽃들 모두가 예전같이 피어 있고, 가끔 먼 비행기 소리가 들려옵니다.

벌새가 꿀을 먹으려고 쉼 없이 애처로운 날갯짓을 하고, 다람쥐는 담장 위를 미끄러지듯 달려갑니다.

당신과 함께 우리가 너무나 좋아했던 이런 것들을…, 애써 외면하려 합니다.

이 모든 것들 속엔 당신의 마음과 모습이 담겨 있어서, 당신 그리운 마음으로 조여 오다 못해 소리 없는 눈물로 바뀌어 갑니다.

쪼그리고 웅크리고 앉아 눈물을 흘리는 내 모습은 90이 넘어 삶에 지친 노인을 닮아갑니다.

조금 전 토끼가 정원을 찾아왔습니다.

당신이 손녀딸에게 보여주고 싶어서, 손녀딸을 안고 온 동네를 누비며 쫓아다녔던 그 토끼가 언젠가부터 이 정원에 매일 찾아옵니다.

당신의 손녀딸도 무척 좋아합니다. 울다가도 토끼 왔다고 하면 얼른 울음을 그치고 정원으로 나가 봅니다.

알고 보니 정원에다 새끼를 낳았더라구요. 아마도 손녀에게 보여 주고 싶어 했던 당신의 마음이 토끼를 움직였나 봅니다.

어제 저녁엔 노을이 정말 아름다웠습니다.

아들네 집에서 보이는 서쪽 먼 들판, 아시죠? 어제 저녁 그곳의 노을이 유난히도 예뻐서 당신이 더 그리웠습니다.

집 앞 먼 동산에 있는 골프장, 두 아들 식구들이랑 갔던 그곳, 사방이 탁 트인 동산에 자리하고 있어서 넓은 호수가 바다같이 보이는 곳, 당신이 너무 보고파서 그곳에 가고 싶었지만, 오늘은 아들네 집에서 넋을 잃고 노을을 바라보았습니다.

가슴 속에 가느다란 파문이 일고 있습니다.

많이 힘들어하고 있는 나에게 아들들의 권유로 성수기의 비싼 항공료를 들여가며 이곳에 왔는데, 당신 그리는 마음은 항공료에 날아온 거리만큼 더 커져만 갑니다.

❦ 그림자 놀이

남편은 유달리 딸을 낳고 싶어 했습니다.

딸 다섯을 두시고 평생 아들 없는 것을 한으로 생각하시던 친정어머니를 보고 자란 나는 아들만을 바랐고, 둘째는 딸이기를 내심 바라던 남편은 둘째까지 아들을 낳자 많이 섭섭해 했습니다.

길을 가다가 여자 아이만 만나면 꼭 말을 시키고, 친한 척하고 지나가곤 했습니다. 그러다 손녀딸을 보자 세상을 다 얻은 사람마냥 좋아했습니다.

그 손녀딸이 돌이 좀 지났을 무렵, 잠시 할머니 할아버지와 함께 지내게 되었고, 할아버지는 너무 좋아했습니다.

어느 날 밤 손녀가 갑자기 깜짝 깜짝 놀라서 울먹이기까지 하며 뛰어와서 꼭 안기는데, 가슴이 콩닥콩닥 뛰고 있었습니다.

무슨 일인가 싶어 자세히 관찰하니까, 전등 빛에 생기는 자기 그림자를 보고 그렇게 놀랐던 것이었습니다.

알고 나니 너무 재미있고 웃음이 났지만, 아무리 설명을 해주도 알아듣지 못합니다. 한 살짜리 꼬마가 그걸 어떻게 이해할 수 있었겠어요?

할아버지는 전등을 모두 끄고 촛불을 켜놓고, 어렸을 때 해보았던 그림자놀이를 보여 주었습니다.

강아지도 만들고 멍멍 소리를 내며 움직여 주고, 꼬마의 손으로도 만들게 해주었습니다. 그림자밟기 놀이도 했습니다. 꼬마는 밟히지 않으려고 도망 다닙니다.

그제야 손녀딸은 마음이 놓였는지 캐득캐득 웃으며 좋아합니다.

그 이후로 손녀딸은 그림자를 좋아하게 되었고, 그림자만 보면 밟기 놀이를 하자고 뛰어 다닙니다.

캐득캐득 웃는 소리가 멀리 퍼져 나갑니다.

손녀가 다 자라서 숙녀가 되어도 그림자를 보면서 할아버지를 기억해 주었으면 좋겠습니다.

❦ 할아버지의 손녀 사랑

손녀가 와 있을 때는 초여름 낮의 태양이 뜨거울 때라, 할아버지는 아침녘에 목말을 태우고 동네 나들이를 나갔습니다.

손녀는 말을 처음 배우기 시작했고, 뭐든지 '마망'이라고 했습니다. 강아지도 '마망', 비행기도 '마망'입니다.

우리 아파트에서 조금 나가면 큰 길에 김포시의 캐릭터를 도로 주변에 만들어 놓았습니다.

남한의 삽살개와 북한의 풍산개를 의인화하여 이름을 '살이'와 '산이'라고 지었지만 손녀딸에게는 모두가 '마망'이었습니다.

손녀는 할아버지 목말을 타고 동네 한 바퀴를 다 돌며 캐릭터들을 구경해야 직성이 풀릴 정도로 캐릭터를 좋아 했습니다.

할아버지는 목도 아프고 힘이 들어 땀이 줄줄 흘렀지만, 손녀딸을 위해서 한 번도 마다 않고 매일 목말을 태우고 돌고 왔습니다.

오는 길에는 아파트 어귀에 놓여진 큰 돌 위에 세워 놓고,

"불마 불마 서울 가다가 밤 하나를 얻어서 선반에다 두었더니, 쥐란 놈이 다 까먹고 껍데기만 남았구나. 고놈의 쥐를 잡아서…" 하며 가락을 읊으면, 손녀는 가락에 맞추어 다리를 들었다 놓았다 하며 엉덩이를 씰룩거립니다.

나는 이 가락 속에 '불마 불마'라는 말이 어디서 왔는지 무슨 뜻인지는 모르지만, 나 어렸을 적 외할머니가 들려주시던 가락이 기억나서 손녀에게 가르쳐 주었습니다.

이북에서 자란 할머니의 내용은 평안도 사투리였습니다. 할머니의 가락은, "…밤 하나를 얻어서 실공에다 두었더니 쥐란 놈이 다 까먹고 껍데기만 기텄구나…"라고 했습니다.

아마도 어린 아이에게 다리 운동을 시키기 위한 가락이었던 것 같기도 합니다.

내가 외할머니를 기억하듯이 손녀딸도 이 가락과 함께 할아버지의 목말과 사랑을 오래 오래 기억해 준다면 할아버지도 먼 곳에서 많이 기뻐하실 것 같습니다.

❦ 유아원에 다니는 손녀딸

할아버지가 그렇게 사랑하셨던 손녀는 할아버지가 떠나신 3개월 후에 미국의 프리 스쿨을 다니기 시작했습니다. 프리 스쿨은 우리나라 유아원과 같은 곳인가 봅니다.

영어를 한두 마디밖에 못하는데, 영어로 설명하고 가르치는 학교에서 잘 견디어 내고 있다니 너무 기특하고 예쁘기만 합니다. 알아듣지는 못해도 눈치로 모든 것을 잘도 따라한답니다.

영어로 화장실을 물어보고 갔다 온답니다.

세 살짜리 꼬마가 얼마나 기특한지, 늦잠을 자다가도 "스쿨 가야지!" 하면 얼른 일어난답니다.

교육에 열의가 대단했던 할아버지가 살아 계셔서 이 소식을 들으셨으면, 밤잠을 설칠 정도로 좋아하셨을 텐데….

아들이 전하는 손녀딸의 소식을 듣고 깔깔 웃다가 "할아버지가 계셨으면 많이 좋아 하셨을 텐데…" 하며 말끝을 흐리자, 아들도 "그러게요" 하며 함께 말끝을 흐립니다.

한숨으로는 턱없이 모자라기만 한 마음이라 '후우' 하고 길게 숨을 토해 버립니다.

〈꿈〉

비가 옵니다.
이곳은 여름에 비가 없는 곳인데
유난히 비가 많이 옵니다.
당신을 향한 내 마음을 배려한 것인가요?

당신의 병실에서 마지막으로 꾸었던 꿈
화려한 꽃밭이 우리 사이를 갈라놓았고
당신은 꽃밭 저쪽 길에서
환하게 미소 지으며 손짓합니다.
기다리고 있을 테니 빨리 다녀오라고

당신과 나 사이를 갈랐던 꽃밭은
햇빛 속에 찬란하기만 한데
눈을 뜨면 당신을 잃을 것 같아
살며시 실눈으로 대신 합니다.

투병의 끝자락을 붙잡은 당신께
결코, 잘 가라는 말은 못하고
예쁜 꽃밭에서 함께 놀다 왔으니
틀림없이 병을 이겨낼 수 있을 거라고

울먹임은 가슴속으로 밀어 넣으며
애써 미소 짓느라 일그러진 얼굴로

있을 수 없고 믿기지도 않을 이야기를
그냥 정신없이 중얼거려 봅니다.

찾아 나서고 싶은 맘으로 설레이는데
도대체 그 꽃밭은 어디에 있을까
오랜 기다림에 지칠 것 같아
애타는 마음으로 서성입니다.

화사한 꽃 사이를 스치던 당신은
아픔도 괴로움도 전혀 없이
즐겁게 해주던 평소의 모습으로
그리도 정겹게 손을 흔듭니다.

지금 당신이 머무는 곳에
나를 위한 자리를 준비하려고
그리도 빨리 떠나셨는지요?
꿈에서라도 당신이 나를 찾을까 싶어
이른 저녁잠을 청해 봅니다.

❦ 황혼

아들네 집에서 보이는 동산 위, 당신과 두어 번 갔던 골프장엘 갔습니다.

이곳 시가지와 호수가 보이고 황혼이 눈부신 그곳에, 당신이 보고파 아들에게 부탁해서 갔습니다. 다음에 이곳에 오면 혼자 갈 수 있도록 길을 잘 익혀 두었습니다.

나는 어렸을 때부터 유난히 황혼을 좋아했습니다. 내가 중학교에 다니던 시절 나의 가장 큰 꿈은 황혼이 깃들 무렵 마지막 따사로운 햇살이 비치는 자그만 우리 집 정원, 그곳에 놓여진 낡아서 삐거덕거리는 나무 의자에 앉아 황혼이 물들다 사라져 글씨가 보이지 않을 때까지 매일 책을 읽는 것이었습니다.

그러나 그 꿈은 딱 두 번밖에 이루지 못했습니다. 왜냐하면 미장원으로 살림을 꾸려나가기에 바쁘셨던 어머니를 도와 저녁은 내가 준비해야 했기 때문입니다.

그 시절엔 연탄불 하나에다 밥 짓고, 국 끓이고, 반찬까지 만들어야 하니까, 학교에서 친구들과 재잘거리다 돌아와서 저녁 준비를 하다보면 해님은 나를 기다려 주지 않고 꼴딱 숨어 버리더라구요.

그 후엔 황혼 따위엔 관심이 없었습니다. 나는 삶 속에서 너무 분주했으므로 고개를 들어 황혼을 바라볼 눈마저 감아 버렸으니까요.

한참을 지나고 거울 속에 남겨진 중년 여인의 모습, 또 한참을 지나고 나니 흰 머리가 뒤섞인 할머니의 모습이었고, 그 흰 머리를 감추고 싶어서 부지런히 염색을 하며 삶 속에 뒤섞여 있다가, 어느 날부터인가 황혼을 바라볼 수 있는 눈이 떠져 있음을 알게 되었습니다.

그리고 내가 좋아했던 그 황혼이 바로 지금 내가 서 있는 삶의 자락이란 것도 알았습니다. 마음 저리도록 아름다워 온통 마음을 빼앗겼던 그 황혼 위에 내 삶이 서 있었습니다.

황혼 위에 서 있는 내 삶은 황혼처럼 아름다우리라 생각했습니다. 당신을 졸라서 여러 번 황혼을 찾아 길을 떠났었지요.

어느 이른 봄이었을 거예요. 자동차 여행을 하고 있던 우리는 갑자기 바닷가의 황혼이 보고 싶어서 한참을 달려간 후, 알맞은 시간에 바닷가에 도착한 우리는 멋진 황혼을 만날 수 있었습니다. 수평선 위에 내려앉는 황혼은 서 있는 다리가 저려 오도록 아름다웠습니다.

그러던 나는 여태껏 경험하지 못한 허무함과 두려움을 알았습니다.

수평선 위의 지는 해는 동해바다의 떠오르는 태양의 장관과는 너무 달라서, 한순간 꼴딱 수평선을 넘자마자 바닷가는 온통 칠흑 같은 어두움으로 변했습니다.

그날따라 그믐밤이라 까만 어두움만 내려앉은 모래사장은 방향을 모를 정도로 아무 것도 보이지 않았고, 방금 아름다웠던 순간마저도 내 맘속에다 까맣게 채색해 버렸습니다.

주차해 놓은 방향을 겨우 찾아서 차에 시동을 걸고 불을 밝힐 때까지는 두려워지기까지 했으니까요.

그러면서 우리 삶의 황혼도 어느 순간 저럴 수도 있구나 생각하니 머릿속이 저려 왔습니다.

그래도 황혼은 언제나 보고파서 그리고 너무 좋아서, 당신이 퇴근하자마자 저녁도 거르고 서쪽 바닷가 여기저기로 황혼을 만나러 나서곤 했습니다.

어느 날은 너무 늦어 까만 바다만 만나고는 허탈하게 돌아왔고, 어느 날은 너무 멀리까지 갔다가 아름다운 황혼에 넋을 빼앗겨 돌아오는 길에야 겨우 허기진 배를 채운 적도 있고, 어떤 날은 오후 내내 뜨거운 모래사장에 앉아, 저녁녘에야 찾아줄 황혼을 오래도록 기다려 본 적도 있습니다. 그러면서 까맣게 변해버린 바닷가가 무서웠던 기억도 멀어져 갔습니다.

삶의 황혼은 아직 오래도록 아름답게 물들어야 하는데 당신은 그 황혼 속으로 빨려 들어갔습니다. 정말 순식간에 황혼을 까맣게 만들면서 당신은 떠났습니다.

이제 나 혼자 바라보는 황혼은 그리움이 변한 서러움만을 남깁니다.

나는 참 어리석게도 그렇게 오래도록 아름답기만 하던 서쪽 바닷가의 어느 길었던 황혼처럼, 우리 삶의 황혼도 길고 아름답고 화려하리라 생각하며 걸맞는 계획도 세워 봤습니다.

내 삶의 황혼 속에 자리한 육십 번째의 생일도 챙겨주지 않고 당신은 떠났습니다.

작년 당신의 육십 번째의 생일을 아들들이 계획한 멋진 스케줄에 따라 너무 행복한 여행을 하고 와서는, 그것이 못내 고맙고 미안해서 내 생일은 당신과 조용히 지내자고 약속해 놓고는…. 우리도 젊은 세대들처럼 불꽃놀이라도 하면서, 그 불꽃이 비록 한 개 뿐일지라도 마음은 풍성하게 그렇게 지내려고 했는데, 이 아름다운 황혼 속에 덩그러니 나 혼자 세워놓고 당신은 끝내 먼

길을 떠나셨습니다.

당신을 애원하며 붙잡지 못하고 떠나보낸 나는 이 황혼을 바라보는 것이 너무너무 힘겨워 조용히 눈을 감으렵니다. 황혼을 바라볼 수 있는 마음의 눈일랑 영원히 뜨지 않으렵니다.

당신을 다시 만나는 그날까지….

〈바닷가에서〉

당신이 그리워서 바닷가에 섰습니다.

서쪽 저 끝에는 내 조국이 있답니다.

당신이 없는 내 조국이라 더 멀리 있는 것 같습니다.

우리는 이 조용한 물가에서 물수제비 놀이를 하곤 했습니다. 물수제비 놀이란 얇고 둥근 돌로 물 위를 가로 쳐서 담방담방 뛰어가게 하는 놀이입니다.

〈물수제비 놀이〉

물수제비 놀이를 합니다.

당신은 적어도 대여섯 번은 튕겨 나갔지요.

나는 오직 한 번

퐁 하고 돌은 가라앉고 말았어요.

그런데 웬일인지

마음의 호수엔
한없이 튕겨 오릅니다.
대여섯 번도 아닌
한 없이 한 없이 튕겨 오릅니다.

당신에 대한 그리움으로 가득한
내 마음의 호수는
수를 헤아리지 못하나 봅니다.
가라앉았다간 튀어 오르고
가라앉았다간 다시 튀어 오르고

내 마음의 호수에
당신이 던진 조약돌은
그칠 줄 모르고 튀어 오르며
잔잔한 파문만 남깁니다.

❦ 내 눈물의 의미

당신을 보내고 나서 많은 날들이 지나갔지만 아직도 나는 눈물을 그치지 못하는 바보입니다.

눈물의 의미는 세월 따라 변해가는 것 같습니다. 처음 당신이 떠났을 땐 그냥 넋이 빠져 울었고, 그 다음은 당신이 투병하던 모습이 강한 아픔으로 다가와 울었고, 어느 날부터인가는 혼자 남은 내가 서러워 울었고, 또 어느 날은 당신이 야속해서 울었고, 어느 날은 당신이 보고파서 그리워서 울었고, 어느 날은 이 모든 것들이 어우러져 몰려와서 울었지만, 지금은 지난날 당신이 나에게 베풀어 준 사랑이 고마워 울고 있습니다.

내가 누구에게도 하지 못한 말들을 당신에겐 할 수 있었고, 그런 나를 항상 따듯하게 보듬어 주었던 당신.

내가 울고 싶을 땐 언제나 기대어 울 수 있고 투정부릴 수 있었고, 그 모든 것을 조용히 받아줄 수 있었던 사람은 이 세상에 오직 한 사람 당신뿐이었습니다.

결혼 후 언제부터인가 당신은 나를 '친구'로 호칭하기 시작했고, 남들에게 항상 "이 친구가 이러고저러고"라고 말하는 당신에게 나는 "내가 친구야?" 하며 투정했습니다.

지금 생각하면 너무 고마운 '친구'라는 말, 정말 당신은 남편의 위치에다 친구까지 덧붙인 그런 남편이었습니다.

살아오는 동안 나는 사소한 일에도 참 많은 투정을 부렸지만, 지금 생각하면 행복이 너무 가까이 있어서 행복이 뭔지 모르는 복에 겨운 사람의 투정이었던 같습니다.

마치 사람들이 대기 중에 있는 공기의 중요함과 고마움을 잘 모르고 살아가듯이, 나도 당신이 곁에 있음이 그렇게 중요하고 고마운 것인 줄 모르고 그냥 언제까지나 그렇게 있어 주리라 믿고 살았으니까요.

부드러웠던 당신의 음성과 따사로웠던 당신의 마음이 고마움으로 내 마음에 내려앉아 푸근해지지만, 친구와 남편을 동시에 잃어버린 나는 눈물을 그칠 방법도 잃어갑니다.

❦ 자화상

사람들은 보통 목에 힘주고 산다는 말을 흔히 합니다. 그 말의 뜻을 지금 새삼 생각해 봅니다.

목에 힘주고 산다는 것은 가끔 특별히 빳빳이 힘을 줄 때도 있겠지만, 보통은 웬만큼은 힘을 주고 그 힘으로 목이 수직을 유지하는 것 같습니다.

하지만 지금의 내 모습은 보통 목에 주고 있는 그 힘이 서러움과 그리움에 밀려나 목을 수직으로 유지하지 못하고 있습니다. 오른쪽이든 왼쪽이든, 오도 정도 옆과 앞으로 비스듬히 떨어져 있고, 길을 가고 있을 때에는 고개를 숙이고 땅을 보며 걷고, 먼데 하늘을 볼라치면 고개는 뒤로 떨어집니다.

이것이 지금의 나에겐 너무 자연스러운 모습이 되어 버렸습니다. 의식적으로 힘을 주고 곧추 세워보지만 얼마 안 가서 다시 떨어지고 맙니다.

지나치다 쳐다보는 거울 속엔 삶의 무게에 찌들은 늙은 여인이 있고 일그러진 눈에는 눈물이 고여 있습니다.

엄지손가락을 치켜세우고 멋지게 살라던 당신이 바라는 내 모습은 이런 것은 절대로 아니었을 텐데….

세상 사람들은 나에게 세월 따라 잊으라고 합니다. 세월이 가면 잊혀 진다고, 그러면서 주위의 남들은 당신을 점점 잊어가고 있더라구요.

그런데 그 세월 보내기가 힘들어서, 그 세월 따라가기가 너무 힘에 겨워서 이렇게 못난 모습이 되어 버렸습니다.

그래도 애써 보렵니다. 슬픔의 날을 엮어나가다 보면, 잊어버릴 수는 없어도 마음 깊은 곳에 묻어 둘 수는 있겠지요.

가끔은 눈물이 흐르지 못하고 목에 꽉 잠겨 있기도 하고, 어느 때는 슬픔이 가슴으로 흘러 내려가 출렁이기도 하는 것은 아마도 세월의 힘인가 싶기도 하지만, 잠시 후면 다시 눈으로 올라오고 맙니다.

먼 어느 날엔 마음속 깊은 곳에 잔잔하게 남겨질 날이 있으리라 생각하며, 지금은 이 못난 내 모습을 사랑하렵니다.

왜냐하면 애당초 슬픔과 눈물에겐 내일이 없고 지난날과 오늘이 있을 뿐이기 때문입니다.

사람들은 내일을 생각할 때 간단한 일의 계획과 함께 희망차고, 그 계획이 다 이루어 졌을 때에 찾아드는 안도감을 소망합니다.

아무리 슬픔에 묻혀있는 사람이라도 내일 또 눈물을 흘리리라 계획하는 사람은 없을 테니까요.

내일의 계획에 들어갈 수 없는 눈물이라면 지금의 못난 모습이라도 사랑할 수밖에요.

핸드폰

남들이 다 핸드폰을 사용하는 세월이 왔는데도 우리는 핸드폰이란 걸 멀리하고 살았습니다. 공중전화도 많고 편리한데 왜 비싼 돈을 들여서 그것을 사용해야 하느냐는 생각이 남편과 나의 공통된 생각이었기 때문입니다.

어느 해 미국에서 방학 때 집에 온 작은 아들이 핸드폰을 졸랐고, 우리는 우리 생각에 거금이라 생각되어지는 돈을 아낌없이 아들을 위해서 사용했습니다.

아들이 돌아간 후 그것을 사용해 보니 편리하긴 했습니다. 그러다가 하나를 더 구입해서 우리도 노인 신식 부부 대열에 얼핏 들어섰다고 자부하던 어느 날, 작은 아들 친구에게서 문자 메시지가 왔습니다.

"어머니 장미꽃을 보내드립니다. 받아보세요"라고.

나는 아들들이 가족 기념일엔 어김없이 보내는 꽃바구니를 그리면서 하루 종일 외출도 않고 기다렸지만 꽃 배달은 없었습니다. 나는 틀림없는 배달 사고려니 생각하고 아들 친구에게 꽃이 오지 않았다고 전화를 했습니다. 아들 친구는 "어머니, 못 받으셨어요? 다시 보내 드릴게요" 했습니다.

이런 해프닝 이후 꽃 배달이 아니라 문자로 장미 모습을 보냈다는 것을 알게 되었고, 자존심이 좀 구겨진 나는 문자 메시지를 열심히 연습했고, 아직도 빠른 메시지는 보내지 못해도 이제는 정말 핸드폰 대열에 제대로 서게 된 것 같습니다.

남편은 잠시 외출 중이어도 꼭 위치를 알리고 언제쯤 들어갈 수 있으니 기다리지 말고 식사하라고, 아님 지금 좋아하는 연속극을 하는 시간인데 보고 있냐고 일일이 전화해서 챙겼었고, 혹시 백화점 같은 곳에서 잠시 헤어지면 곧 위치를 알려주곤 했습니다.

남편이 떠난 후 몇 번이고 남편의 핸드폰을 해약하려고 망설였지만, 나는 남편의 핸드폰을 해약할 수 없습니다. 어디선가 연락을 해줄 것만 같아서….

그러나 주인 없는 핸드폰만 남편의 책상을 지키고 있습니다.

❦ 남편의 자리

핸드폰이 지키는 남편 책상의 빈자리를 보며 나는 생각해 봅니다. '만일 내가 떠나고 남편이 저 자리를 지키고 있다면 어떨까?'하고 생각해보니, 남편이 겪을 고통은 내가 지금 겪는 고통보다 더 클 것이라는 생각이 들어서 다시 눈시울이 붉어집니다.

아이들이 미국에서 공부하고 있을 때 나는 자주 집을 비우고 아이들 곁으로 가서 아이들을 돌보다 오곤 했습니다.

결혼 후 그때까지 남편이 해외 출장을 다녀온 것 외에는 내가 집을 비운 적이 없었으므로, 남편은 처음으로 혼자가 되었던 적이 있었습니다.

그때는 국제 전화료가 상당히 비쌀 때라 우리는 항공 엽서로 소식을 주고받았고, 편지 내용으론 잘 버티고 있는 것 같아 보였습니다.

그 후 둘만의 외로운 생활은 그때부터 시작되었고, 우리는 열심히 등산도 하고 자동차 여행도 했습니다.

집에서 그리 멀지 않은 검단산을 자주 갔었는데, 중턱쯤, 남들 눈에 잘 뜨이지 않는 곳에 아주 넓고 평평한 바위가 있었습니다. 우리는 오르내릴 때마다 그 바위에 꼭 들려서 커피를 마시면서 쉬곤 했습니다.

그날도 어김없이 그 바위에 앉아 커피를 마시던 남편은 "나 지난번 당신 없을 때 여기 혼자 와서 울었다"라고 했습니다. 나는 당황해서 "남자가 울긴 왜 울어? 내가 아주 간 것도 아닌데"라고 했더니, "몰라 그냥 눈물이 나더라구."

그 정도에 눈물을 흘리는 사람이라면, 지금 나와 상황이 바뀌었으면 어떠했을까? 생각하니, 혼자 남았을 남편이 너무 불쌍해서 차라리 남편을 먼저 떠나보낸 것이 다행이라 생각하며 애써 나를 위로합니다.

다음 주쯤 날씨 좋은 날을 잡아 검단산 그 바위를 찾아보렵니다. 눈이 온다는 예보를 듣고 일부러 올라 보기도 했던 그 산, 이곳으로 이사 온 후 5년여 동안 한 번도 가보지 못했던 그 산을 혼자 올라, 나도 그 바위에서 남편 이름을 부르며 실컷 울어 보렵니다. 메아리라도 답해 주겠지요.

〈짝사랑〉

나는 지금 지독한 짝사랑을 하고 있습니다.

환갑의 나이에

내 삶의 마지막 짝사랑을

이제야 하고 있습니다.

만날 수도 없고, 볼 수도 없고
사랑을 받아 볼 수는 더더욱 없는
내 곁을 영원히 떠나버린 그 사람

그리움이라는 것은
항상 내 곁에 있던 것인데
이렇게 아픈 그리움도 있다는 건
당신이 떠난 후에야 비로소 알았습니다.

나의 짝사랑은
긴 한숨입니다.

나의 짝사랑은
그칠 줄 모르는 눈물입니다.

나의 짝사랑은
삶이 끝나야 이루어지는 것입니다.

나의 짝사랑은
잠 못 이루던 밤을 함께 해주던
오직 한 사람

가버린 당신입니다.

그래서
잠 못 이루는 오늘밤은
당신이 너무 그리워서
짝사랑의 가슴앓이를 하고 있습니다.

❦ 호칭

오십대 초반을 막 지났을 무렵 슈퍼마켓에서 필요한 물건을 몇 개 사가지고 계산대 앞에 줄을 서 있는데, 뒤에서 "할머니, 할머니, 좀 비켜주세요" 다급한 목소리가 들렸지만, 당연히 할머니가 아니라고 생각한 나는 가만히 있었고, 이번엔 허리춤을 툭 치면서 다시 "할머니, 할머니"라고 불러댑니다.

무심코 뒤를 돌아보니 30대 초반쯤으로 보이는 여인이 짐을 들고 나를 부르는 소리였습니다.

물건을 계산대에 놓도록 자리를 비켜주었지만 기분이 영 언짢았습니다. 계산하는 동안 그 여인은 여러 번 나를 흘끔흘끔 쳐다보았습니다. 얼굴을 보니 할머니라 부른 것이 좀 미안한 모양입니다.

집으로 돌아오는 동안 계속 화가 치밀었습니다. 그때까진 나에게 손녀딸도 아직 없을 때이고, 그 이후 4~5년이 지나서야 첫 손녀딸을 안아볼 수 있었으니 화가 나는 건 당연한 일이었습니다.

설사 좀 늙어 보인다고 해도 나더러 할머니라니! 어린애들을 데리고 있는 애들 엄마들이라면 애들을 앞세워 가끔 할머니라 부르는 건 애교 있어 귀엽기까지 합니다만, 삼십대 초반의 여인이 혼자 서서 할머니라고 부르다니, 아줌마라 불러주면 입이 부르트나? 혼자 중얼거리며 아무리 생각해도 괘심하기 짝이 없었고 화가 나서 얼굴이 화끈 달아올랐습니다.

나는 집에 들어서자마자 남편한테 투덜거렸습니다. 다 듣고 난 남편은 역시 언짢아하면서 "난 댁 같은 손녀딸 둔 적 없수!" 그러지 그랬냐고 역성을 들어주는 바람에 화가 좀 가라앉았습니다. 그 말이 참 적절한 말이라 생각했습니다.

그 이후, 난 세월을 세어가면서 나이를 더해 갔지만, 그래도 '할머니'라는 호칭이 아직은 억울해서 자칭 '하주머니'로 표현했습니다. 할머니와 아주머니의 중간표현으로 하주머니를 택했었습니다.

그러다가 나에게도 손녀딸이 생겼고, 고 녀석이 돌이 되어 고물고물 말을 시작할 무렵, 그 녀석이 큰 수술을 받고 이 개월 정도 우리 집에 와 있었습니다.

할머니 할아버지라는 발음이 손녀딸에게는 너무 길고 힘들어서 부르지 못하였습니다. '뭔가 부르게 해야 하는데…' 생각하다가, 말 배우는 아이들이 곧잘 말하는 할머니는 '함미', 할아버지는 '하삐'로 가르쳐 주었지만, 그것도 힘든가 봅니다.

그래서 할머니는 '미야', 할아버지는 '삐야'로 가르쳐 주었는데 잘 부르지 않았습니다.

어느 날 소아과엘 데리고 갔는데 의사 선생님을 보자마자 급해지니까 "미야, 미야" 하며 울어 댑니다. 그 이후 '미야, 삐야'를 어찌나 잘 부르던지! 손녀딸은 예쁘고 난 행복했습니다.

지금은 '함머니와 할아버지'라고 아주 예쁘게 발음합니다.

남편이 나를 부르는 호칭도 세월 따라 많이 변했습니다. 처음엔 '멍국 씨'(전화로만 알고 지낼 때 내 이름은 묻지 않고 이름의 첫 자음과 마지막 자음만을 묻고 남편이 지어낸 내 이름), 아들이 생기고 난후엔 'OO엄마야'와 '이 친구' 그리고 어느 날 갑자기 '여보' 하는 바람에 나 부르는 소리가 아닌 줄 알고 있다가 깜짝 놀랐습니다. 나이가 들고 밖에선 '박 여사' 집에선 '할멈'으로 바꿔어 갔습니다. '할멈'이란 호칭이 어쩐지 정감이 갔습니다.

남편은 일기를 짧게, 그렇지만 꾸준히 쓰는 편이었습니다. 남편이 투병하며 마지막으로 채워간 일기장에는 유난히 '할멈' 소리가 많이 쓰여 있습니다.

일기를 보면서, 당신으로부터가 아니면 다시는 불리워지지 않을 '할멈'이란 호칭이 너무 고맙고 정겨웠습니다.

하지만 몹시도 진한 아픔이 가슴에 차오릅니다.

❦ 걸음걸이

남편은 키도 컸지만 다리가 길었습니다. 병원에 입원해 있을 때, 환자용 침대가 꽉 차서 상체를 약간 높이고 있으면 어느새 흘러내려 다리가 자리를 확보하지 못하고 구부러지곤 했지만, 허리 통증 때문에 움직이지 못하는 터라 하루에도 여러 차례 끌어 올려 주어야 하는 긴 다리였습니다.

연애시절, 길을 걸어갈 때에는 언제나 차도 쪽은 남편이 차지하고, 내 걸음 속도에 맞추어 나를 보호해 주며 걸었습니다.

결혼 후 오랜 세월이 지나는 동안, 동네에서 산책하는 것 외에는 별로 같이 걷는 일이 없었습니다. 어느 날 미 대사관에 비자를 받으러 시청 뒤의 골목길을 같이 걸어가는데, 나도 모르게 헉헉거리며 뛰다시피 쫓아가고 있었습니다.

결혼 후 체중도 많이 늘었지만 운동도 하지 않을 때였고, 종종거리며 집안 일만 하고 지내던 짧은 내 다리로는 도저히 숨이 차서 쫓아 갈 수가 없었습니다.

순간 화가 치밀어서 "혼자 가. 나 안 갈래. 다리 길다고 그렇게 빨리 가면 어떻게 따라가?" 하며 퉁명스럽게 말했습니다. 마침 뒤에서 걸어오던 한 신사분이 껄껄 웃었습니다. 남편도 따라 웃으며 속도를 늦추었지만, 100미터도 못가서 다시 빨라졌습니다.

등산을 하다보면, 좀 높다싶은 바위를 올라야 하는 때가 종종 있지만, 다리 길이가 모자라 쩔쩔매는 나를 뒤에서 바라보던 남편은 숏 다리의 비애라고 놀렸습니다.

연애시절 남편의 보호본능은 어디로 보냈는지, 그 이후 항상 빠른 걸음으로 앞서 갔습니다. 어떤 때는 앞서가는 남편을 막기 위해 일부러 팔짱을 끼고 가보지만, 이내 나는 남편 팔에 동동 매달려 걸었습니다.

남편은 나머지 삶도 그 빠른 걸음으로 가버렸나 봅니다. 좀 천천히 걸어달라고 그렇게 부탁했었는데…, 천천히 같이 가자고 그렇게 사정 했었는데….

❦ 정년퇴직

2003년 6월 10일은 남편이 34년 동안 몸 담아온 직장에서 정년퇴직을 하는 날이었습니다.

나는 지금도 남편에게 고마운 것은 그 긴 세월동안 힘든 날이 없었겠습니까만, 단 한 번도 회사 가기 싫단 말을 한 적이 없었습니다.

그 긴 세월을 하루같이 묵묵히 지켜온 직장생활을 털어 버리던 날, 나는 정말 고마웠지만, 내 마음도 많이 허전했습니다.

그래서 오랜 고생으로부터 벗어나 앞으로의 삶을 활기차게 이어가자고 위로하고 싶어서 현관에 오색풍선을 달아놓고, 미국에서 언니가 보내준, "아찌 그동안 수고 많으셨습니다. 앞으로도 계속 내 동생 많이 사랑해주세요"라는 리본이 달린 꽃바구니로 장식하고 폭죽을 터트리면서 남편을 맞았습니다. 조금이라도 허전한 맘을 달래주고 싶었고, 내가 준비한 것 이상으로 고마웠으니까요.

사람들은 말하기를 보통 정년퇴직을 하면 그 충격으로 건강이 나빠지는 경우가 많다고 합니다.

그래서 우린 같이 스포츠 센터에 등록해서 열심히 운동하고 여행 계획도 많이 세웠습니다.

젊은 시절 우린 정말 열심히 살았다고 자부하고, 주위 사람들도 그것만큼은 인정해 주니까, 이제부터는 편안한 노후를 보낼 수 있으리라 굳게 믿었습니다.

우리는 24시간 함께 지내도 서로 불평이 없었습니다. 오래도록 함께한 세월 속에서 서로의 모난 부분을 곱게 다스릴 수 있었고, 남편의 온화하고 이해심 많은 성격이 모든 걸 편안하게 이끌어 갔습니다.

2년여 동안 우리는 남편이 동창회에 나가는 날 이외에는 거의 함께 지냈습니다.

그러던 남편은 내게 예고도 없이 삶의 정년퇴직을 안겨주었습니다. 남편의 떠남은 나에게는 삶의 정년퇴직이 되고 만 것입니다.

여태껏 누렸던 남편과의 결혼생활에서 정년퇴직을 했습니다. 여행, 외식, 등산, 응석과 투정 부림 등등 아무것도 할 수 없는 사람이 되어 버렸습니다. 하루 종일 말할 상대도 없이 화장기 없는 90대의 뒷방 노인네의 모습으로 남아 갑니다. 헤어나려고, 일어서려고 안간힘을 써 보지만, 아직은 힘이 없습니다.

지금의 내 마음처럼 남편도 정년퇴직 후의 마음에는 힘이 없었을 텐데, 이기적으로 태어난 인간은 그 상황을 당해 봐야 이해할 수 있는가 봅니다.

오늘에서야 남편의 쓸쓸했던 그날을 더 잘 이해할 수 있는 것 같습니다.

가을 앞에 서 있는 하늘은 너무 파랗고 햇빛은 찬란하기 만합니다. 남편이 떠난 이 가을을 맞이하고 싶지 않은데 가을은 오고 있습니다. 당신의 사진 앞에 서서 "여보 하늘이 너무 예쁘고 햇빛도 고와서 불어오는 바람에 마음까지 설레이네! 그렇지?" 하고 조용히 중얼거립니다.

❦ 공항에서

아들들이 미국에서 생활했기 때문에 국제공항을 자주 이용해야 했지만, 떠나는 날이나 돌아오는 날이면 어김없이 비행기 탑승구 앞에까지 와서 보내주고 반겨주던 남편이었습니다.

항공회사에 몸담고 있었기 때문에 가능한 일이었고, 출국 수속도 남편이 다 해 주어서, 나는 그냥 공항 한 구석에 조용히 서 있다가 남편만 따라 들어가는 걸로 마무리 짓곤 했습니다.

유골을 안고 미국으로 가는 날은 평생 처음 나 혼자 수속을 해야 했는데, 그건 작은 시골서 지금 막 도착한 어느 노인네의 모습처럼 얼떨떨했습니다.

다행히 회사 옛 동료들이 나와서 남편의 떠나는 자리를 지키고 돌봐주어서 쉽게 수속을 끝낼 수 있었습니다.

항상 내 곁에 머물면서 나를 돌봐주던 남편이었지만, 이상하게도 공항에만 가면 바빠지곤 했습니다. 그곳에 가면 관심이 있는 게 그리도 많은지 "잠깐만?" 하고는 사라지고, 돌아왔다가는 이내 또 자리를 뜹니다.

옆에 있어 달라고 부탁해도 소용이 없었습니다. 그렇지만 혼자 남아 있던 내가 남편의 모습을 찾는 것은 너무 쉬운 일이었습니다. 아무리 사람들이 많이 모여 정신없는 곳이라도 머리 위쪽을 한 번만 휘 둘러보면 금방 찾을 수 있었습니다.

왜냐하면 남편은 키가 크고 코가 높으며, 이마가 넓고 머리도 약간 벗어졌기 때문에 금방 눈에 띄곤 했습니다.

미국서 돌아오던 날, 시애틀 공항 출국장에 들어선 나는 나도 모르게 한 바퀴 휘 둘러보고 있었습니다. 어딘가에서 수속을 하고 있을 것만 같은 남편을 나도 모르게 찾고 있었던 것입니다. 아들들이 따라 나와 수속을 해주고 떠났습니다. 눈물이 솟구칩니다.

이제 아무도 기다리지 않는 빈 집으로 돌아가야 합니다. 어둠이 깔리기 시작하는 저녁 무렵 인천공항에 내렸고, 아들들이 배려해서 챙겨준 짐은 무겁기만 하고, 무릎통증은 심해 와서 걸을 수조차 없지만, 텅 빈 집으로 가야한다는 힘든 마음에 비하면 아무것도 아니었습니다.

나는 짐을 실은 카트에 몸을 기대고 공항청사를 한참동안 이리저리 마냥 헤매고 다녔습니다. 몇 시간이나 헤맸는지 정말 다리가 아파서 한 걸음도 걸을 수 없게 된 때에서야 택시를 탔습니다. 항상 버스를 이용했지만, 지금은 지쳐서 그럴 수가 없습니다.

여름밤의 열기가 외로움에 지친 몸과 마음을 휘감아 옵니다.

<나만의 일력>

슈퍼마켓에서 쇼핑을 하고 돌아왔습니다.
현관문을 열고 크게 소리쳐 봅니다.
여보! 나왔어! 하고….
벌써 왔니? 무거웠지? 나 부르지 그랬어?
들려와야 하는 소린데 메아리조차 없습니다.
어린 손녀처럼 으앙 울어버리고 싶습니다.

치약이랑 비누 좀 정리해 줘요.
이번엔 나직이 말해보지만
다시 조용합니다.

마음이 쓰려 와서 다 내동댕이쳐 봅니다.
무슨 방법으로 이겨나가야 할까요?
마냥 가라앉아만 가는 마음으로
하루하루를 그냥 메워 나갈 수만은 없는데….

오래전, 정말 오래전
당신과 사랑이란 걸 하고 있을 때
당신은 군인이었고
제대를 백여 일 앞두고
당신이나 나나
외출도 제대로 못하는 군대가 지겨워서

백여 일간의 일력을 거꾸로 만들곤
기다림의 세월을
하루하루 지워갔는데

이제
그 일력을 다시 만들렵니다.
얼마만큼 지워야
당신을 만날지 알 수 없는 일력을
다시 지워 나가렵니다.

그 일력이 까맣게 지워져 버린 날
당신이 머무는 그곳에서
밀렸던 응석과 투정을
당신에게 모두 쏟아내렵니다.

홀로 보낸 삶의 때로
까맣게 지워진 일력을
당신에게 내어주며
쌓여진 그리움과 사랑을
모두 털어 내렵니다.

❦ 사진

우리는 사진 찍는 것을 별로 즐겨하지 않았습니다.

그래도 젊은 세대인 아들들의 권유로 디카를 장만하고 유럽, 호주, 뉴질랜드, 일본을 여행하면서 많은 사진을 찍어서 컴퓨터에 저장해 두었습니다.

승용차로 국내 여행도 참 많이 하면서 찍어둔 사진이 몇 백 장은 되었던 것 같은데, 남편이 병원에 있는 동안 컴퓨터에 문제가 생겼습니다.

그 사진들이 어느 날 모두 사라져 버린 것이었습니다. 남편하고의 추억마저도 깡그리 무엇엔가 도둑맞은 기분이었습니다.

삼사 년간의 추억이 소리 없이 사라져 버린 것입니다. 백업이나 CD에 저장을 안 하고 있다가 모두 잃어버리고 말았습니다. 어이없고 기가 막히지만 돌이킬 수 없는 일인걸요?

남은 오래된 사진들을 정리해서 CD로 만들려고 합니다. 오래된 사진들을 보니 눈물이 또 납니다. 말끔하게 군복을 입고 사귀던 시절의 모습이 여기 저기 있고, 촌스러운 머리 스타일의 깡마른 남자가 바로 '당신'입니다. 내가 머리를 깎아주어 촌스러워 보이나 봅니다.

지리산 위에서, 한라산 정상에서, 설악산에서, 산이란 산은 모두 함께 누빈 것 같습니다. 어느 곳 어느 산에도 당신의 모습이 없는 곳은 없습니다.

남편은 주말에 일하면 대신 주중에 쉴 수가 있어서 우린 열심히 여행을 다녔고, 그것을 부러워하던 내 친구가 "너희들 다른 사람이 보면 이상한 부부로 봐. 무슨 정상적인 부부가 주중에 그렇게 여행을 다닐 수 있냐?" 하며 놀려댔습니다.

어느 날은 황혼을 보러 바닷가에 앉았다가 그 친구 전화를 받고는 파도 소리를 들려주었더니, "누구 배 아픈 꼴 보려고 작정했구나" 하며 웃었습니다.

이제 이 넓은 우주에 당신의 모습이 없는 곳은 없는 것 같습니다. 그러나 나는 이제 더 이상 사진을 찍을 필요는 없습니다. 당신의 자리가 비어 있기 때문입니다.

❦ 가을 여인

나는 언제인가부터 자칭 가을의 여인이 되었습니다.

사춘기를 지나고 있을 무렵인 여고 시절, 마음을 주고받았던 친구가 삼청 공원 속에 위치한 사택에서 살고 있었고(그때만 해도 삼청 공원은 자유롭게 드나들 수 있는 곳이었음), 사택 주변은 온통 코스모스가 꽃밭을 이루고 있는 가을의 집이었습니다.

나는 그 친구와 코스모스가 좋아서 자주 그 친구의 집을 찾았습니다.

그리고 많은 세월이 흘러 남편을 만나 결혼이란 걸 하고, 자식 농사에 남편 뒷바라지에 정신없이 살면서 그런 것들은 모두 접어 두었습니다.

삼십대이던 어느 가을, 원하던 적당한 크기의 집도 장만할 수 있었고, 아이들도 건강하고 착한 아이들로 자라주고, 남편의 직장 생활도 곧게 뻗고 있었으므로 순간적으로 더 이상 욕심 부릴 것이 없는 한가롭고 평온한 생활이 되었습니다.

바라는 것 없이 모두 이루어지면 행복하리라 생각 했었지만 이상하게도 맘은 허전했습니다. 파란 가을 하늘은 서글퍼졌고, 어느 날 거울 속에 비추어진 한 여인은, 전혀 상상하지 못했던 나이 들고 뚱뚱해진 중년 여인이었습니다.

갑자기 여태껏 맘속 어디엔가 숨어있던 코스모스가 그리웠고, 가을의 파란 하늘과 늦은 가을의 낙엽이 마음을 사로잡았습니다. 나는 남편에게 코스모스를 만나러 가자고 졸랐고, 멀지 않은 곳 넓은 빈터에 구청에서 심어놓은 코스모스 밭을 찾았습니다.

주저 없이 코스모스 속으로 뛰어든 나는 너무 실망했습니다. 이름 모르는 벌레들과 날파리들이 온 몸을 휘감아 버릴 것 같아서 뛰어나와 버렸습니다.

남편은 겉에서 보는 세상의 아름다움 속에는 어디에나 더러움도 있고 날파리들도 있는 것이라고 조용히 말했습니다.

그 이후로는 코스모스 밭 속을 뛰어드는 어리석음을 저지르지는 않았습니다.

짧은 세월 후 나는 다시 좀 더 좋은 것을 바라는 작은 욕심들이 생기면서 마음은 설계하고 계산하느라 바빠지기 시작했고 파란 가을 하늘도 거울속의 중년여인의 모습도 맘속에 묻어 두었습니다.

남편은 매해 찾아오는 가을이면 언제나 코스모스를 찾아 나서 주었고, 때로는 가까운 곳에, 때로는 먼 곳까지 주저 없이 동행해 주었습니다.

그러면서도 가을이 시작될 무렵 텔레비전에 어쩌다 잠시 나오는 코스모스의 영상이나 길가에 버려지듯 한두 송이 피어난 코스모스를 보면, 올해 볼 코스모스는 다 봤고 더 이상 봐야 할 코스모스는 절대로 없으니까 기대하지 말라고 정색을 했지만, 얼마 후면 다시 코스모스가 가득한 들녘을 찾아나서 주었습니다.

남편은 떠났지만, 올해도 역시 코스모스는 피어났고, 나는 혼자라도 멀지 않은 곳에 코스모스를 만나러 가렵니다. 남편 그리는 맘을 코스모스로 가득 채워보렵니다.

〈여울목〉

나는 맑은 시내 여울 속 보잘 것 없는 조각돌.
당신은 내 위를 여울져 흐르는 시냇물이었습니다.

당신은 여울 속에서
삶에 지친 나를 감싸 안아 주었고
삼십오 년 동안 지켜주었습니다.

어느 날 무섭게 몰려드는 세찬 비바람에
우리는 여울목으로 밀려들었고

당신은 힘겨운 몸부림으로 여울목을 벗어나

햇빛이 찬란한 시냇가 둔치로 나를 끌어 주었지만

여울목의 힘겨운 몸부림에 지친 당신은
감싸 주었던 팔을 풀고 조용히 떠났습니다.

혼자서는 벗어날 수 없는 이 둔치를
울먹이며 지키고 있습니다.

이젠 물길마저 바뀌고 알몸으로 드러난 나는
삶의 때에 찌들고
뙤약볕에 온 몸이 바싹 타 오릅니다.

오직 한 가지 바람은
세찬 비바람을 기다려
당신이 머무는 그곳에 가는 것입니다

그날에,
세월의 때에 찌들고 멍든 나를
당신은 알아보시겠는지요?

처음 당신이 나를 감싸주었을 때처럼
당신이 나를 찾아 주세요.

그리움과 외로움에 지친 나는
당신을 찾아 나설 힘조차 없으니까요.

지금 당신이 머무는 곳은
여울목의 힘겨움도 지켜야 할 조각돌도 없는
아름답고 평안한 곳이겠지요?

조용히 두 눈을 감으면
행여 당신이 있는 곳이 보일까 싶어
가만히 두 눈을 감아 보지만
여울목의 힘겨운 아픔만이 번져갑니다.

우산

나는 우산을 갖고 다니는 것이나 쓰고 다니는 것을 둘 다 별로 좋아하질 않습니다.

예전에 대기 오염이 심하지 않을 때는 비를 맞고 싶어서 일부러 우산을 안 갖고 다닐 때도 있었습니다.

요즈음은 다행히 우산도 자그맣게 접을 수 있고 주로 승용차로 다니다 보니까, 우산 없이도 별로 불편함을 모르고 다닐 수 있게 되었습니다.

처음 결혼을 하고 남편은 복학해서 학교에 다니고 나는 직장생활을 하고 있을 때, 비가 오면 남편은 어김없이 버스 정류장에서 우산을 들고 나를 기다려 주곤 했습니다.

정류장에서 멀지 않은 곳에 집이 있었으므로 그냥 웬만큼 비를 맞고 가도 되는데 꼭 나와서 기다려 주는 남편이 고마웠지만, 우산을 들고 아내를 기다리고 있는 남편이 처량하게 생각되어 기다리지 말라고 했지만, 남편은 비 오는 날은 무슨 일이 있어도 기다려 주었습니다.

그가 나에게 몸소 가르쳐 준대로 훗날 나도 정류장에서 퇴근하는 그를 우산과 함께 기다리곤 했습니다.

차를 갖고 다닐 때에도 나는 그냥 뛰어가서 타는데, 남편은 꼭 우산을 펴서 나에게 씌워 주고는 운전석 문이 닫힐 때까지 기다려 주는 자상함을 잊지 않았습니다.

어떤 때는 고맙다는 생각보다 귀찮다는 생각이 들어 일부러 먼저 뛰어가 차를 타버리기도 했습니다.

나는 여전히 오늘처럼 비가 많이 오는 날에도 우산 없이 뛰어다닙니다.

체육관에서 방금 도착한 낯설은 아주머니가 비가 많이 오는데 조금 기다렸다가 가라고 합니다.

누구처럼 자상하기도 해라! 생각하며 "비가 많이 와요?"라고 되묻고는 그냥 나왔습니다. 정말 많이 내립니다. 나는 뛰지도 않았고, 오히려 천천히 걸어갔습니다. 천둥까지 요란하게 시끄럽습니다.

비가 오는 날에는 우산 속 남편이 더욱 많이 그리워집니다.

남편의 따듯한 마음을 다 받아주지 못한 미안함이 솟구쳐 오릅니다.

차에서 우산을 꺼내서 펴봅니다. 남편의 마음을 찾아보려고, 우산 속에 꼭꼭 숨겨져 있던 남편의 마음은 이내 콧날을 시큰하게 만들어 놓고 어디론가 사라져 버리고 맙니다.

❦ 사랑니

많은 사람들이 사랑니의 고통을 겪고 삽니다만, 남편은 유달리 사랑니의 고통을 심하게 겪고 떠났습니다.

처음 잘못 걸린 전화 이후, 사랑니 때문에 많은 고생을 했다는 말은 들었지만 내가 직접 보지 못했으니까 그냥 그랬으려니 생각만 했었지만, 남편은 그 고통의 의미를 절실하게 알았음인지 뽑은 사랑니를 오랫동안 보관해 왔습니다.

지금 살고 있는 집으로 이사 올 때, 이제 그것 좀 버려달라는 나의 간청에 못내 아쉬운 표정으로 처리하고 왔습니다.

옛 사랑니의 고통을 품고 사는 나이는 이미 지났다고 생각이 들었고, 우리가 세상을 떠난 후에 짐을 정리해야 하는 아들들의 고충을 생각해서 자질구레한 것들은 미리 정리해 두고 싶은 마음에서였습니다.

일 년 전쯤부터 남편은 이가 많이 시리다고 해서 여러 곳의 치과에 자주 들렀지만, 방법이 없다고 했습니다.

체취도 강하게 났지만, 다니던 내과에선 연세 드시면 그럴 수도 있다고 했는데, 지금 생각하면 그 모든 것들이 몸에서 자라는

'암' 때문이었던 것 같습니다.

아침 일찍 치과를 찾았던 재작년 겨울, 사랑니가 많이 부서지고 흔들리니 뽑는 게 좋겠다고 했습니다. 두세 시간가량 사랑니와 씨름하던 여의사는 이가 부서져서 더 이상 뽑을 수 없다고 큰 병원으로 연결해 주었습니다.

큰 병원에 도착한 우리는 얼마간의 기다림 후에 사랑니를 뽑기 시작했고, 수없이 X-레이를 찍어대며 사랑니와의 싸움을 치르고 있었습니다.

뿌리가 X-레이에 나타나지 않는 곳에서 앞의 이와 어우러져 있기 때문에 처리하기가 상당히 어려운 상태라고 했습니다.

사랑니 뿌리를 남겨놓으면, 염증이 심하게 생길 수도 있어서 뽑아야 한다고 했고, 의사 선생님은 손에 쥐가 난다고 여러 번을 쉬어가며 사랑니와의 전쟁을 치렀고, 병원 진료시간을 훨씬 넘긴 8시가 지나서야 응급실에서 약을 처방 받아 병원 문을 나설 수가 있었습니다.

그러나 아직도 3조각의 뿌리 부스러기가 남아 있는데, 작은 것들은 거의 몸으로 흡수되어 없어지는 경우가 많지만, 혹시 염증이 생겨 아프면 다시 오라고 했습니다.

얼마 전 큰아들이 사랑니를 뽑느라 무척 고생했다는 전화를 받았습니다.

아들의 사랑니는 뿌리가 꼬부라져 앞의 이 뿌리를 감싸고 있어서 무척 고생을 했고, 사랑니를 뽑던 미국 의사는 너무 힘들게 고생한 나머지 자기는 앞으로 사랑니는 절대 다시 뽑지 않겠다고 말했답니다.

얼마 전 심한 치통 때문에 치과를 찾았던 나에게 담당의사는 사랑니가 많이 흔들리고 부어 있으니 뽑는 게 좋겠다고 했습니다.

내가 예전에 만났던 한 치과 의사는 사랑니를 많이 쓰게 생겼다고 뽑지 말라고 하며 충치 치료를 해주었는데, 이번에는 뽑는 게 좋다고 하니까 뽑기로 하고 치료 대에 누웠습니다.

그런데 갑자기 사랑니로 고생하던 남편이 생각나 울고 말았습니다. 의사와 간호원이 깜짝 놀라서 어쩔 줄 몰라 하길래 대충 얘기를 하고 발치를 했습니다.

내 경우는 정말로 사랑니를 많이 사용하고 있었습니다. 사랑니가 없는 자리가 씹히질 않고 너무 허전합니다.

후회해도 이미 지난 일이었고, 사람은 살면서 어차피 많은 후회를 하기 마련이니 그냥 그중 하나의 후회로 넘기자고 생각했지만, 사랑니의 빈자리는 남편 사랑의 빈자리와 더불어 마냥 허전하기만 합니다.

❦ 생일

내일이면 맞이하는 이번 추석은 내 60번째의 생일, 환갑날 입니다. 이미 환갑잔치는 사정상 미국에서 아들로부터, 여기에서는 친구들로부터 앞당겨 다 받았지만, 외롭고 서러운 마음은 끝없는 방황을 고집합니다. 아마도 생일을 챙겨주지 않고 떠난 남편이 무정하다는 생각이 들기 때문인 것 같습니다.

3년 전 6월에 췌장암으로 떠나고 만 형부는, 떠나시기 8개월 전쯤에 언니에게 4가지의 선물을 준비해서 주었다고 합니다.

언젠가는 떠나야 하지만 그때를 모르는 인간이기 때문에 미리 준비한 것이라 하면서, 하나는 10월에 있는 언니 생일 선물이고, 하나는 크리스마스, 또 하나는 새해 선물, 그리고 마지막 하나는 다음해의 6월10일 결혼기념일 선물이라고 4개를 곱게 포장해서 미리 주더라는 것입니다.

결국 형부는 4번의 기념일을 다 챙기시고 6월10일 결혼기념일 낮 12시경에 세상을 떠나셨습니다. 참 대단한 인내심과 사랑이라고 생각되어져 가슴에 파문을 가져왔던 형부였습니다.

어쩜 내 남편도 그럴 수 있으리라 생각했던 어리석음 때문에 더 외롭다는 생각이 드는 것일지도 모릅니다.

그러나 하루라도 더 버티었다면 남편의 고통은 더 심했을 것이고, 그것을 지켜보는 나도 쉬운 일은 결코 아니었을 거라고 생각하며 맘을 정리합니다.

암의 고통을 심하게 겪지 않고, 가장 적절한 때에 가장 편안히 가신 것이라는 아들들의 말처럼 그렇게 생각하며, 오히려 남편에게 감사하는 맘으로 바꿔보려 애쓰고 있습니다.

최근에야 안 것이지만, 남편과 내 생일은 꼭 100일의 차이가 있었습니다. 남편의 생일 꼭 100일 후가 내 생일이었습니다.

자기의 생일도 8일이나 남겨놓고 떠난 남편이 108일을 더 견딜 수는 당연히 없는 것이겠지요.

내일이 추석인데 비가 많이 내리고 있습니다.

〈추석 아침에〉

당신은 알고 계셨나요?
당신 그리는 내 마음을.

어제 아침에는
한 번도 듣지 못한 예쁜 새 소리에
행여 당신이 오심인가 내다 봤더니
예쁜 새소리는 어디론가 사라집니다.

어제 밤에
당신은 바람이 되어
창문을 요란하게 흔드셨나요?

나뭇잎을 타고 오던 그 바람이
당신인줄 모르는 내게 알리려
그리도 요란하게 흔들었나요?

새벽까지 열심히 불어대어도
당신인줄 모르는 내게 알리려
천둥 품은 비바람으로 변하셨나요?

내 마음을 치고 가는 저 번개는
당신이 내게 주는 위로인가요?

천둥과 번개는 걷어가 주세요
조용한 달빛으로 찾아 오세요.
추석의 보름달로 찾아 주세요.

천둥과 번개보다는
조용한 달빛이 당신다워요.

외로워야 한다면 철저하게 외로워 보자고 마음먹었던 60번째 생일에 아들이 미국에서 케이크를 보낼까 하다가, 혼자 먹는 케이크가 엄마를 더 힘들게 할 것 같아서 안 보내고, 다음 달 엄마가 미국에 오시면 그때 하자고 전화가 왔습니다.

아들이면서도 딸 같은 마음까지 지닌 아들들이 고마워 콧날이 시큰합니다. 그렇지 않아도 매년 기념일엔 잊지 않고 케이크와 꽃을 보내오던 아들들인데, 올해는 꽃을 받으면 눈물보가 터져버릴 것 같아 보내지 말라고 전화하려든 참이었습니다.

하루 종일 먹구름 속에서 천둥과 번개가 번갈아 가며 내 마음 속 그리움을 치고 지나갑니다. 비가 많이도 내립니다.

참았던 서러움이 밀려나와서 남편의 사진을 적시고 맙니다.

❦ 낙서

어느새 내가 좋아하는 코스모스 꽃잎을 따라 가을이 오고 있습니다.

우리가 함께 운동하러 다니던 좁은 길옆에 코스모스가 몇 그루 피어 있습니다. 예전엔 온 들판을 가득 메운 코스모스가 좋더니, 당신이 떠난 지금은 외롭게 몇 송이 피어있는 코스모스에게로 마음이 갑니다. 내 외로움을 아는 것 같아서 입니다.

푸른 하늘을 멀리 바라보다 예전에 내가 좋아했던 어느 시인의 낙서가 생각납니다.

"스칸디나비아의 가장 큰 전나무를
뿌리 채 뽑아.
에트나의 불타는 분화구에
넣었다가
그 시커먼 붓으로 저 푸른 하늘에
쓰리라.
아그네스!
나 그대를 사랑하노라고."

당신 향한 내 마음을 대신 엮어놓은 낙서인 것 같습니다.
푸른 하늘을 그대로 담고 있는 유리창에 나도 낙서를 해봅니다.

여보!
당신이 저 멀리 파란 하늘이 되어

내 눈길을 받고 있다면,
푸른 하늘 담고 있는 창문이 되어
창문 가득 당신을 품어 오리다.

당신을 사랑 했노라고.
당신을 사랑 하노라고.
그리고 사랑 하겠노라고 전하고 싶어서….

❦ 내가 오늘 제일 하고 싶은 것은

내가 오늘 제일 하고 싶은 일은 부부싸움, 아니 사랑싸움입니다. 당신과 실컷 싸워보고 싶습니다.

언젠가 다시 태어나도 나랑 같이 살겠냐고 물었더니, 한마디의 대답 "미쳤니?" 하더라구요.

속마음은 안 그런 걸 너무 잘 알면서도 섭섭하다구, 그럴 수가 있냐구 한참동안 투정을 부렸지요.

오랫동안 서로 사랑하며 살던 어느 노부부는 서로 아무 말 하지 않아도 눈만 쳐다보면 무엇을 말하려는지 알기 때문에 긴 말이 필요 없었답니다. 우리는 그렇게 오래 함께한 노부부는 아니었어도, 설명 없이 서로를 알 수 있었습니다.

당신은 항상 아주 천천히 말을 했고, 거의 주어는 빼고 서술어만 말하는 버릇이 있었습니다. 그걸 금방 알아들으면 아이들은 "엄마 어떻게 알았어?" 합니다.

나는 "너도 삼십오 년 살아보면 알 수 있어"라고 했습니다.

삶의 연륜이 쌓여가면서 우리는, 아니 당신은 나에게 이해심 많고 따듯하기 만한 사람이었습니다.

단 한 번도 내 생일을 잊어본 적이 없던 당신, 작년 내 생일에는 꽃바구니와 예쁜 카드가 배달되었습니다.

"여보.
함께 한 세월
그리고 같이 갈 세월을
축복 받고 싶소.
생일을 축하드립니다."

같이 갈 세월을 축복 받고 싶다더니…, 당신의 축하가 담긴 이 마지막 카드는 결국 내 울음보를 터트려 내고야 마는군요.

눈물겹게 기억나는 생일 이벤트는 내가 삼십대 초반이던 어느 생일 아침이었습니다. 우리는 은행 융자를 받아 무리하게 집을 마련했었고, 여러 가지로 힘든 경제 여건 속에 있었으므로 내 생일 따위는 나도 잊고 있었습니다.

아침에 출근하면서 몇 가지 음식 재료를 준비해 달라고 했고, 평소에 부엌과는 거리가 먼 당신이 이상하다 생각했지만, 먹고 싶은가보다 생각하고 준비 했습니다.

다른 날보다 일찍 퇴근한 당신은 며칠 전 우연히 먹어 본 음식이 너무 맛있었는데, 생일 선물 해줄 돈이 없으니 그 음식을 만들어서 저녁상을 마련해 주겠다고 했습니다.

당신이 만든 그 음식은 정말 맛이 없었지만, 삼십 년이 지난 지금도 가슴이 뭉클해지도록 고마운 밥상이었습니다.

그러면서 준비해 온 노후대책인데, 지금부터는 편안하게 살 수 있을 텐데, 어쩌라고 이렇게 나만 홀로 남겨 놓고 떠나셨는지요?

그렇게 가버릴 거였으면 매일 싸우고 미움만 남기고 가시던지…. 올해가 내가 맞는 육십 번째 생일인 걸 기억하시죠?

게다가 올해는 추석날과 겹친 날입니다.

아이들을 미국에 보내고 항상 쓸쓸한 추석을 보내면서, 추석날이면 외로워서 파란 하늘만 보곤 했지요. 추석이면 승용차들이 다 빠져나가는 서울 하늘은 평소엔 볼 수 없는 파란 하늘이었거든요.

올해의 그 날은 비켜가고 싶습니다. 어둡고 긴 터널이 될 것 같아서요.

난 오늘, 당신이 그리워서, 너무 보고 싶어서, 많은 말을 나누고 싶어서 투정을 부리고 싶거든요. 아무리 심한 투정을 부려도 평생 화낸 적이 없는 당신께, 난 오늘 정말 심한 투정을 부리며 부부싸움이란 걸 걸쭉하게 해보고 싶어요.

그러면 그럴수록 그리움만 짙어가고 아픔으로만 다가옵니다.

❦ 제비꽃

집에서 투병을 한 지 석달 반이 지났을 무렵, 무료하게 지내고 있는 남편이 안쓰러워서 드라이브를 가자고 집을 나섰습니다.

포구라서 시원하게 트인 바닷가는 아니지만 그래도 바다 내음도 나고 간단히 산책도 할 수 있는 덕포진으로 향했습니다.

이른 봄이라 아직 바람은 차가웠지만, 찾는 사람이 없어 아주 조용했고, 만조 시간이라 포구 가득 채워진 바닷물은 파란 하늘을 닮아 유난히 파랗게 반짝거렸습니다. 꼭 우리를 위해서 미리 마련된 파티 장처럼 느껴졌습니다. 입구가 약간 언덕이라 남편에겐 부담스러웠어도 지팡이에 의지하고 산책을 하며 오랜만에 평안을 느꼈습니다.

산책길 옆 꽃밭 속에 여태껏 내가 보아오던 것과는 달리 유달리 크고 보랏빛이 강한 제비꽃이 피어 있었습니다.

이른 봄 가끔 소리 없이 피어있는, 꽃말이 '겸손'이라는 제비꽃을 만나면 괜스레 맘이 설레곤 했습니다.

꽃밭에 일부러 심어놓은 것인지 모르니 뽑지 말라는 나의 만류는 뒤로 하고, 남편은 제비꽃을 거의 뿌리 채 뽑아 내 머리에 꽂아 주었습니다. 나는 꽃밭속의 꽃을 뽑았다고 투덜거렸고, 그 꽃은 이내 시들어서 나는 그냥 팽개쳐 버리고 말았습니다.

남편은 또 하나의 아픔을 남겨 주었습니다. 결국 그 제비꽃은 남편이 나에게 주었던 마지막 꽃이 되었고, 이왕 뽑은 꽃을 고맙게 받지 못했던 미안함이 아픔이 되었습니다.

아픔이 진하게 밀려오던 어느 날, 차를 몰고 제비꽃을 보려고 덕포진으로 향했습니다. 7월 초에 제비꽃이 피어 있을 리가 없었고, 그동안 산책길이 많이 변해서 넓은 산책길은 코스코스 모종으로 온통 덮여 있었고, 제비꽃이 있던 곳은 잔디를 곱게 깔아놓은 것이 제비꽃은 일부러 심어놓은 것이 아닌 듯했습니다.

눈물이 조용히 흘렀고 나는 꽃밭 속의 제비꽃을 잔디 속에서 찾아내어 뽑아 왔습니다. 가는 길 오는 길 내내 정신없이 울며 가져온 제비꽃은 지금은 우리 집 베란다 화분에서 싱싱하게 자라고 있고, 내년에 보랏빛 꽃에다 남편의 마음을 한껏 담아 피워 주겠지요.

아들집에 다녀오니 어느새 두 송이의 철모르는 꽃을 피웠다가 씨 주머니를 달고 있었습니다. 꽃을 보지 못한 아쉬움은 컸지만 내년 봄 제철에 남편의 마음이 담긴, 탐스럽게 피어날 제비꽃을 기다리렵니다.

❦ 덕포진

오늘은 남편이 떠난 지 꼭 백일이 되는 날입니다.

백일이라고 울먹이며 말하는 나에게 아들은 내가 많이 불쌍했던지 "날짜 같은 건 일부러 세지 마세요"라고 나지막이 말합니다.

남편을 아들 옆에 모셔놓고 여기에 있는 나는, 남편의 쉼터를 찾아 갈 수 없는 아쉬움에 아들 옆에 모신 것을 조금은 후회도 해보다가, 남편과의 마지막 나들이 장소였던 덕포진을 찾아 파란 바닷물에 그리운 마음을 띄워 보내고 싶어 옆 동네의 형님과

길을 떠났습니다.

도착해 보니, 바람도 없이 무덥기만 했고, 잎이 무성해진 나무들 때문에 바닷물도 잘 보이지 않았지만, 사이사이로 어쩌다 보이는 바다는 물이 빠져나간 시간이라 개펄만 드러나 있어 그리운 마음을 띄워 보낼 파란 바닷물을 만나지 못했습니다.

띄워 보내지 못한 그리움은 바다를 찾아 나설 때의 두 배가 되어 무겁기만 했습니다.

덕포진으로 가는 길목에는 덕포진 교육 박물관이 있습니다. 예전에 남편과 지나는 길에 여러 번 보긴 했지만 그냥 지나치곤 했었는데, 텔레비전에서 몇 번 보았다는 형님의 권유로 들러보았습니다.

'학교종이 땡땡 친다!'의 작사 작곡가인 고 김메리 여사의 추모전이 열리고 있었고, 10년 전쯤 맹인이 되어 남편의 도움으로 박물관을 마련한 이인숙 여사를 쉽게 만날 수 있었습니다.

단체로 방문할 경우 초등학교 수업과 똑같이 수업을 한다는데 둘만의 방문이라 담소만 나누고 있는데, 운 좋게도 단체의 방문이 있어 합류하여 수업을 받았습니다. 어색하긴 했어도 동요를 불러가며 짧은 동안의 즐거운 수업을 마쳤습니다.

일행들이 돌아간 후 잠시 동안 이인숙 여사와 더 얘기를 나누었습니다. 천성적으로 밝은 성격의 소유자라고 말하는 여사는 어려운 환경에서 밝게 살려고 많은 노력을 하고 있었으나, 가끔씩 스치는 외로움은 엿볼 수 있었습니다.

다음에 지나는 길이 있으면 다시 들러볼까 합니다.

❦ 포기해야 하는 것

남편이 아직 내 곁에 있고 아이들이 미국에 살고 있을 때 나는 곧잘 친구들에게 이렇게 말했습니다.

"나이가 들어가며 가장 중요한 것은 빨리 포기하는 것을 배우는 것이다. 빨리 포기하면 할수록 편안한 노후를 보장 받을 수 있다고 생각한다.

늙어가면서 뭔가에 대한 욕망만 키워가고 포기하지 않는다면 그건 불행인 것 같다. 버릴 것과 잊을 것에 대한 건 과감할 필요가 있다."

내 나이가 지난 사람들은 "이 나이에 내가 그건 해서 뭐해?"라는 말을 아주 자주 합니다.

나이가 들었다고 갖고 싶은 것 사고 싶은 마음이 줄어드는 것은 아닌 것 같습니다. 하지만 있는 것도 점차 줄여야 할 판에 젊은이들처럼 이것저것 마련하면 어쩌겠습니까?

우리가 세상을 버리고 떠나면 어차피 처분해야만 하는 물건들이니까, 공연히 자식과 며느리 고생시킬 필요는 없을 것 같고, 최소한의 지적 활동을 제외하고는 과감하게 버리고 잊어야 할 것 같습니다.

혹시 시장에서 맘에 드는 물건이 있어도 "그래 포기!"라고 생각하면서 쉽게 유혹을 벗어나곤 했습니다.

그렇게 포기하고 나면 오히려 편안했지 후회는 없었습니다.

그러나 나는 지금 남편의 빈자리를 포기하고 받아들이기가 너무 힘들어서 끝없는 방황을 하고 있습니다. 잊어버려야 한다고는 생각조차 할 수 없고, 그 많은 빈자리 속을 그리움과 외로움, 그리고 눈물과 한숨으로 채워가며 하루하루 빈자리 속의 노예로 남아 버리고 맙니다.

바보인줄 알면서도 바보이기를 포기하지 못합니다.

남편이 좋아하던 노래

남편의 물건들을 대충 정리하고 여러 날이 지났습니다.

곁의 형님이 "참 대단하네! 내 친구 하나는 남편 옷가지를 버릴 수 없어 6년 동안 옷장에 그대로 두고 있다는데, 어떻게 그렇게 빨리 정리를 했나?" 하셨습니다.

흉인지 칭찬인지는 모르지만 난 나대로 고통을 덜어내는 방법이었습니다. 남편 물건 중 내 맘속에 옷이 차지하는 몫이 너무 컸고 가장 피할 수 없는 고통이었기 때문입니다.

그리움보다는 눈물이, 눈물보다는 한숨이, 한숨보다는 멍한 순간이 한결 쉬운 것 같아 멍한 사람이 되기를 바라기도 합니다.

뭔가 정리를 하고 나면 산뜻하게 멍한 사람이 되지 않을까 싶어서 서랍을 뒤적이다, 오랫동안 듣지 않던 테이프를 정리하리라 맘먹고 꼭 필요한 것만 남기고 버리기로 했습니다.

집에서 필요한 것들을 담아 놓은 테이프들이 섞여 있어서 일일이 들어가며 정리하다가 어떤 테이프를 듣고 나는 그만 땅에 주저앉아 일어날 수가 없었습니다.

나는 자주 쓰는 단어 중에서 '가슴 저리도록'이란 말을 참 많이 써왔습니다. 순간 내가 그동안 그 말뜻을 얼마나 모르고 써 왔나 알 수 있었습니다.

심장 아래 부분에서 이제까지 경험하지 못한 심한 전율이 흐르며 다리의 맥이 확 풀리는데, 도저히 참아내지 못하고 얼른 전원을 끄고 주저앉았습니다.

한참 후 눈물이 소리 없이 주르르 흐른 뒤에야 겨우 벽을 짚고 일어날 수 있었습니다.

그 테이프에서 들려온 음악은 남편이 생전에 그렇게도 좋아하던 일본 가요였습니다. 나는 일본 말을 전혀 몰랐고, 무슨 말인지도 모르는 노래를 테이프의 처음부터 끝가지 반복해서 녹음하고는 여행가는 차 안에서 하루 종일 틀어 대는 바람에 내가 질려 버렸던 그 노래가 흘러 나왔습니다.

나는 그 테이프를 다른 테이프와 함께 쓰레기통에 집어 던져 버렸다가, 그 다음날 그 테이프를 찾느라 버렸던 테이프를 몽땅 가져다가 하루 종일 검색해야 하는 어리석음을 범했습니다.

거의 마지막에 가서야 그 테이프를 찾아낼 수 있었고, 남편이 떠난 지금에야 그 내용이 궁금했고, 아들의 도움으로 인터넷에서 그 노래의 모든 것을 찾을 수 있었습니다.

'마유미 이츠와'라는 일본의 유명가수가 부른 '고이비또요'라고 했습니다. 가사말도 있었습니다.

고엽이 지는 해질녘은
내일의 추위를 말해주는데
비에 부서진 벤치에는

사랑을 속삭이는 노래마저 사라져
연인이여 곁에 있어요.
얼어붙은 나의 곁에 있어줘요
그리고 한마디 이 이별 이야기가
농담이라며 웃어주기를

자갈길을 뛰어가며
마라톤 선수가 지나가네
마치 망각을 바라는 듯
멈춰 서 있는 나를 부르고 있어요.
연인이여 안녕히
계절은 돌아오지만
그 날의 두 사람 밤의 유성별
빛나고는 사라지는 무정한 꿈이여
연인이여 곁에 있어요
얼어붙은 나의 곁에 있어줘요.
그리고 한마디 이 이별 이야기가
농담이라며 웃어 주었으면….

사람은 확실히 면역력이 대단한 존재인가 봅니다. 처음 들을 땐 그렇게 힘들던 이 노래가 횟수가 쌓여감에 따라 이젠 잔잔한 가슴의 저림으로 다가와 참고 들을 수 있게 되었습니다. 내성이 생겨 가는 것 같습니다.

세월이 많이 흐르면 나도 남편처럼 하루 종일 듣고 싶어질지도 모릅니다. 그때를 대비해서 일어 공부를 시작하렵니다.

❦ 땅끝마을

나는 어린 날 동네 언니를 따라 바구니를 들고 뒷산에 나물 캐러 갔던 기억이 있습니다. 산나물이 무엇인지 하나도 모르는 나는 하나를 캘 때마다 그 언니에게 "이거 먹는 거야?"라고 물어야만 했습니다. 뒷산 그 많던 풀 속에서 나물을 알아 볼 리가 없었으니까요. 그 언니는 짜증 한 번 없이 일일이 이름까지 가르쳐 주며 돌봐 주었습니다.

그러고 다닌 것이 점심도 굶고 늦은 오후에야 바구니 가득 산나물을 담고 돌아 왔습니다. 그 나물은 참 맛있게 먹었고 배탈이 안 났으니까 그 언니가 틀림없이 제대로 가르쳐 준 것 같습니다.

물론 지금도 역시 산나물은 하나도 모릅니다.

지금은 시장에 온갖 봄나물들이 깨끗하게 다듬어져 비싸지도 않은 가격으로 얼마든지 살 수 있는 세상이 되었지만, 그때의 추억으로 쑥을 캐러 나가고 싶은 충동이 봄바람과 함께 내게 불어오곤 했습니다.

우리가 이곳 서울 근교로 이사 온 후 봄이면 나물을 캐는 아낙네들을 여러 곳에서 볼 수 있었고, 어느 따사로운 봄날 나도 남편이 출근하고 한가한 시간에 바구니 대신 검정색 비닐봉지를 들고 혼자 쑥을 캐러 나갔습니다.

근처에 사적지가 있었고 조류 보호지역이 있었습니다. 이 정도면 오염되지 않은 쑥을 캘 수 있으리라 판단하고 쭈그리고 앉아 열심히 비닐봉지를 채우고 있었는데, 어느 젊은 부부가 예닐곱쯤 되어 보이는 사내아이와 산책을 하러 나왔나 봅니다.

아이가 나를 보더니 "엄마 저 아줌마 쑥 캐나봐" 하며 내 쪽으로 오려 하니까, 그 엄마가 아이 팔을 낚아채면서 "가지 마, 더러워 똥 밭이야"라고 큰소리로 말했습니다.

나는 화가 났지만 아무 말 않고 못 들은 척 넘어 갔습니다만, 마음은 정말 뭐 씹은 기분이었습니다.

다는 아니겠지만, '나쁜 것! 요새 젊은 것들은 정말 대책 없는 것들 이로구만!'라는 소리가 절로 나오려 합니다.

너는 평생 아름다운 세상은 비켜만 가며 살다가, 추억이란 것은 쓰린 것만 맛볼지도 모른다는 생각에 불쌍한 생각까지 들었습니다.

우리는 자동차 여행을 보길도로 정했고, 보길도에서 하루를 묵고 땅끝마을로 나왔습니다.

전남 해남의 토말 자그마한 비석에 '땅끝마을'이라 쓰여 있는 작고 소박한 마을이었습니다.

한 동안 잔잔하고 깨끗한 파란 바다에 맘을 빼앗기느라 토말 비석 옆에 앉아 있던 나는 옆에 쑤욱 솟아 있는 쑥을 발견하고는, 이번엔 입고 있던 코트 주머니에 캐서 넣기 시작했습니다.

이따금씩 남편이 쑥을 캐서 깨끗이 다듬어서는 "자!" 하며 내밀어 줍니다. 이것은 우리 결혼 생활 중 처음 있는 일이었습니다.

먼 시야에 신혼부부 한 쌍이 사진을 찍느라 바쁩니다. 자기네들 승용차로 운전해서 신혼여행을 온 것 같았습니다.

요즈음 신혼여행을 해외라 어디라 하면서 바삐들 다니는데 참 기특하다는 생각이 들었고, 우리도 옛날에 형편상 줄이고 줄여서 서울 근처로 신혼여행을 다녀왔던 것을 생각하며 예쁜 마음이 되었습니다.

열심히 쑥을 따라 다니다 신혼부부와 만나게 되었고, 그들은 우리에게 사진을 부탁했습니다. 나는 사진을 찍어 주었고, 어디서 오셨냐고 우리는 어디서 왔다고 서로 인사를 하고는 즐거운 시간 보내라고 했더니 새색시가 말을 합니다.

"아까부터 줄곧 보고 있었는데, 너무 보기 좋아서 우리도 나이 들면 저렇게 살자고 약속을 했어요."

만나게 되어서 고맙다는 말과 함께 눈가에 물기가 흐릅니다.

어쩌다 가끔 "두 분이 너무 좋아 보이십니다" 아니면, "너무 닮아서 오누이 같습니다"라는 얘기를 듣곤 했지만, 신혼부부가 그렇게 봐 주는 것은 우리를 더 행복하게 만들었습니다.

"정말 우리 잘 살아야겠다"라고 생각하며 땅끝마을을 떠나와, 하루 저녁 맛있는 쑥국을 먹을 수 있었습니다.

세상은 보는 각도에 따라 쑥을 캐는 모습을 그렇게 다르게 본다는 것입니다. 그 신혼부부가 지금 어디에서 삶의 축복을 누리고 사는지 알 수 없지만, 꼭 삶의 모든 축복 속에 행복하게 살고 있기를 바라는 마음입니다.

그리고 나는 마음이 정리되는 대로 땅끝마을을 다시 한 번 찾으렵니다. 거기에도 당신의 빈자리는 여전하겠지만….

❦ 자취생활

내가 중학교를 졸업할 무렵, 엄마는 동생을 데리고 지방으로 가셨던 일이 있습니다.

언니와 나는 조그만 방을 얻어 자취생활을 했고, 언니는 대학에 다니면서 직장생활을 하고 있었으므로 나는 항상 빈 방에 자물쇠를 열고 들어가야만 했습니다. 빈방에 문을 열고 들어서는 것은 마음까지 텅 비게 만들었기 때문에, 나는 친구네 집에서 시간을 보내다 저녁때가 다 되어서 돌아왔는데도 언니는 없었고 항상 빈 방만 기다리고 있었습니다.

나는 그때 빈방의 쓸쓸함이 싫어서, 남편과 아이들에겐 절대로 빈방의 쓸쓸함을 주지 않으려고, 그들이 집에 돌아올 무렵에는 반드시 집을 지키고 있어야 한다는 것이 나의 철칙이었습니다. 그 철칙은 꼭 지켰습니다.

또 한 번은 집안 사정으로 인해 몇 달간 은행에 근무하던 여동생과 자취 생활을 하게 되었습니다. 직장에 다니다 보니 친구들과 만나는 시간은 자연히 저녁이 되었고, 대여섯 명의 여자 친구끼리 똘똘 뭉쳐서 참 많이도 헤매고 다녔습니다.

한 명을 제외하고는 아무도 남자 친구가 없었기 때문에 음악다방, 생맥주집, 분위기 좋다는 찻집 등을 돌아다니고는, 집에 돌아와서 '밤을 잊은 그대에게'를 청취하고 라디오 프로그램이 모두 끝나고 '쉬' 소리가 날 때까지 잠을 안 자고 바스락 거렸습니다. 물론 엄마한테 야단맞는 것은 당연한 일이었지요.

나는 엄마의 잔소리가 듣기 싫던 차에 동생과 둘이 자취생활을 하게 되니 천하를 다 얻은 것 같은 해방감에 행복하기만 했습니다. 그러나 이상하게도 날이 가면 갈수록 엄마의 잔소리가 그리워졌고, 아무도 간섭하지 않는 자유로운 생활이 너무 지겨웠으며, 간섭당하며 살던 생활이 그리워서 어느 비 오는 밤, 창문 밖을 바라보다 엉엉 울었습니다.

얼마 후 다시 엄마와 함께 지내게 되었고, 엄마의 잔소리가 너무 귀하게 들려왔습니다.

사람은 어느 정해진 굴레 속에서, 어우러져 살아야 할 사람끼리 부대끼며 사는 게 적당한 행복이라 생각되었고, 다시는 '간섭 없는 자유'는 절대 누리고 싶지 않았습니다.

남편이 떠난 지금, 나는 주위의 '간섭 없는 절대 자유'에 무방비 상태로 노출되어 있습니다. 예전처럼 방황하거나 불규칙한 생활은 절대 하지 않고, 나름대로 세워놓은 계획에 따라 사느라 나 자신이 스스로 나에게 잔소리 하며 살고 있지만, 예전에 창문을 바라보며 엉엉 울었던 마음이 자주 찾아오곤 합니다.

열쇠, 안경, 지갑 등을 어디다 두었는지 찾아 헤매느라 정신없고, 아침 운동을 거르고 싶어지고, 약 먹는 시간도 잊어버려 약을 먹지 못할 때가 여러 번이고, 누군가와 수다스럽게 얘기하고 싶기도 합니다.

이런 일들은 남편이 거의 챙기고 도와주던 일들이라 나 혼자 다스려야 한다고 다짐하지만 아직까지 제 궤도에 오르지 못했습니다.

시간이 없는데, 약속시간에 맞춰야 하는데, 안경을 찾아 헤매다 "제자리에 놓지 못하고 또 찾네!" 하는 남편의 핀잔과 "약은 식탁에 두었으니 지금 빨리 먹어라"라고 챙기는 남편의 목소리가 귓가에 맴돌고 있고 그 목소리가 너무 그립기만 한데, 밤은 조용히 지나가고 있을 뿐입니다.

첫사랑

나이가 아홉이란 수에서 십이란 수로 넘어갈 때 이상하게도 갑자기 한꺼번에 늙는 것 같아 항상 마음은 서글퍼지고 헤어날 수 없는 쓸쓸함에 잠기곤 했습니다. 그중에서도 열아홉에서 스물로 넘어가던 해가 나에게는 받아들이기가 참 힘들었습니다.

그 무렵 나는 첫사랑이란 것을 했습니다. 동네의 작은 음악실에 친구들과 자주 들렀던 나는, 그곳에서 얼굴이 익은 잘 생긴 남자를 망년회 날 우연히 만났고, 눈이 많이 내렸던 그날 밤 그 사람의 청으로 함께 걸었습니다.

그 이후 삼사 년이 지나는 동안 우리는 단 한 번도 언제 만나자는 약속 없이 헤어졌고 우연이나 아니면 억지로 만든 우연으로만 만나게 되었습니다.

한 동안은 우연도, 억지의 우연도 없이 몇 달이 지났는데 "아마 군대 갔나보다"라고 생각이 드는 다음날 군복을 입은 그가 우리 집 앞에 나타났습니다. 군대 가는 것조차도 말없이 떠난 그였습니다.

그 이후 나는 우연 속에 만난 한 사람을 그 사람 자체를 보지 못하고, 그 위에다 내가 원하는 모습을 덧 씌워 놓고, 그 씌워 놓은 헛 모습의 사람을 사랑하고 있다는 것을 알게 되었습니다.

나는 정리해야 됨을 깨닫고 그에게서 받은 편지를 조각조각 찢어서 큰 봉투에 담아 소포로 부쳤습니다. 그렇게 해야 혹시 서성이게 될 내 마음을 붙들 수 있을 것 같았습니다. 그리고 이것은 분명 첫사랑이 아니었다고 다짐했습니다.

얼마 후 다시 우연히 만났고, 피하는 나에게 잠시 만나기를 청했고 우린 조용한 찻집에서 마주 앉았지만, 나는 무척 담담할 수 있었습니다.

시간이 좀 흐른 후에 그 사람은 잠시 자기 옆자리에 앉아 달라고 했고 결혼이라는 것에 대해 심각하게 얘기를 했습니다. 나는 순간 손에는 진땀이 흘렀고 숨이 멈추는 것 같았습니다. 그 상황에서 헤어나지 못할 것 같아서….

말없이 조용히 앉아 있는 나에게 그는 금방 농담으로 얼버무렸습니다.

'그래, 참 너다운 발상이구나! 우리 나이가 몇인데? 그래 참 너답다'라고 생각하며 다시 내 자리로 돌아갔습니다.

내 생각엔 십초쯤 지난 것 같습니다. 나는 자신 있게 말했습니다. 내 첫사랑은 단 10초였었다고, 나는 10초 만의 첫사랑을 다 정리했고 몇 년이 지난 후에 남편을 만났습니다.

남편을 처음 만나서 난 솔직하게 10초간의 첫사랑을 말했고, 한참 후 남편의 첫사랑 이야기도 알게 되었습니다.

아직 군대 생활이 한참 남아있던 어느 날, 휴가로 시골집으로 내려갔던 그가 도착할 시간이 한참 지났는데도 소식이 없습니다. 여태껏 나에게 보여 주었던 그의 모습이 아니었습니다.

밤이 다 되어서야 근처 찻집에 있다는 전화가 왔습니다. 이상한 생각이 들어 유도 심문 끝에 첫사랑 얘기를 들었고, 그날 그 여자를 만나 내 얘기를 하고 헤어졌다고 합니다. 그 여인은 세살 위의 친척 누나라고 했습니다.

정리하지 않은 상태에서 나를 만났다는 것도, 친척 누나라는 것도 도저히 받아들일 수 없었고, 나는 헤어지기로 굳게 마음먹었습니다.

나의 외면은 오랫동안 계속 되었지만 그의 끈질긴 설득으로 결혼까지 하게 되었고, 잘못 걸려온 전화에 딸려온 운명의 끈은 질기게도 나를 묶어나갔습니다.

❦ 필부필부(匹夫匹婦)

평일인데 갑자기 성가대원들에게 호출 연락이 와서 교회로 가보니 한 쌍의 결혼식이 있었고, 우리는 찬송가로 축가를 불러 주었습니다. 무슨 사연이 있어서 그렇게 외롭게, 갑자기 결혼을 해야 하는지 알 수는 없었지만, 한 쪽 마음은 연민으로 흔들렸고, 다른 한쪽 마음은 그런 결혼을 한다는 것이 많이 부러웠습니다.

그즈음 나는 뭐든지 특별한 것을 좋아 했기 때문에 친구에게 나도 저런 결혼을 할 수 있었으면 좋겠다고 했더니, 친구는 "어머 난 싫어. 난 장미꽃으로 화려하게 장식한 식장에서 많은 사람들의 축복을 받으며 화려한 결혼식을 할 거야!"라고 했습니다. 그 친구는 외국 유학 중 결혼하느라 현지에서 조용한 결혼을 했습니다.

나는 10초간의 첫사랑 이후 많은 생각을 했고, 다음 사랑은 아주 편안하고 무난한 사랑을 할 것이고, 많은 세월이 지나 이 세상을 떠나는 마지막 날, 내 사랑은 이런 참 사랑이었다고 자신 있게 말 할 수 있는 그런 사랑을 하겠다고, 그리고 결혼을 하고 나면 필부필부로 살고 싶다고 생각했습니다.

내가 남편을 선택했던 것도 운명의 끈인 탓도 있겠지만, 그의 이해심 많고 편안함에서, 우린 틀림없는 필부필부가 되리라 믿었습니다. 남편의 첫사랑 이야기가 정말 맘에 들지 않았지만 결혼하게 되었고, 그냥 현실을 달리는 필부필부로 살았습니다.

그러나 내가 생각한 필부필부의 마지막 모습은 지금의 혼자 남겨진 내 모습은 절대로 아니었습니다.

더 오래도록 함께 살며, 어느 때는 거실에 내려앉는 따스한 햇볕 속에 마주 앉아 지난 추억을 떠올리며 조용한 미소를 나눌 수 있는 것도 포함되어 있었습니다.

나의 마지막 바람은 적어도 비슷한 때에 함께 떠날 수 있는 그런 것이었습니다.

환갑의 나이에 지독한 짝사랑을 해야 하는 그런 것은 절대로, 절대로 아니었습니다.

미망인의 자리

아직도 미망인의 자리는 나의 자리가 아니라고 고집하고 싶지만, 피할 수 없는 나의 자리입니다.

나는 미망인이 되었고, 남편에 대한 그리움과 외로움과 서러움만 이겨내면 되는 줄 알았습니다.

옛 친구들은 다 그대로의 친구인 줄 알았습니다. 하지만, 미망인이 되기 전보다 더 많은 생각을 해야 하고, 더 말을 줄여야 하고, 더 행동을 조심해야 하고…, 많은 제약을 감수해야 하는 것 같습니다.

삶의 둘레를 줄여야 하고 내가 설 새로운 땅을 찾아야 하는 것입니다. 삶에 대한 두려움에 더 짓눌리기 전에 새로운 땅이 필요합니다.

누군가가 말하기를 결혼을 해서 한 몸과 한마음이 되기를 원해서 정말 한 몸같이 된다면, 한쪽이 떠나갔을 때, 반쪽으로 남는 아픔이 얼마나 크겠냐고?

그러니 결혼이란 것은 한 몸 되기를 원하고 노력하는 것이 아니라, 서로 상대방을 통해 모자란 것을 채워, 자기를 완성해 나가도록 노력해야 하는 것이랍니다.

그래야 한쪽이 떠나가도, 완성된 한쪽으로 더 굳세게 살 수 있다는 것입니다.

나는 남편을 만나서 오로지 한 몸과 한마음이 되기 위해 그 많은 세월을 보냈고, 그래도 그쪽으로는 웬만큼 성공하지 않았나 싶습니다.

이제 밀착된 반쪽을 잘라 냈으니, 아픔은 당연하겠지요.

나의 어리석음은 아프다고 칭얼대고 싶고, 때론 위로 받고 싶습니다.

세상을 향해, 친구를 향해, 친지를 향해, 나 아프다고 응석 부리고 싶을 때도 있습니다. 나를 완성시키지 못한 때문인 것 같습니다.

그 오랜 세월 동안에 자기 자신 하나 완성시키지 못한 바보가 되었으니, 모든 삶의 제약을 받아 들여야 하지 않겠습니까?

그것이 분명 쉬운 일은 아니지만, 남은 세월 무난히 살아 나가려면, 더 많이 생각하고, 더 말을 아끼고, 더 행동을 조심해야 하겠습니다.

그리움과 외로움과 서러움에 더하여 밀려드는 어려움이 있어 삶의 무게가 무겁게 느껴집니다.

〈그리움〉

내 마음은 그리움 속으로 파고드는데
그리움 따라서 가을이 오고
가을과 함께 그리움은 짙어 갑니다.

내 마음을 그리움에서 뽑아버리려
투정했던 마음들을 헤쳐보지만
투정했던 마음마저 미안해져서

마음은 그리움 속에 묻혀집니다.

그리움을 따라서 짙어진 가을은
화려했던 단풍을 떨쳐버리고
가을비로 눈물을 대신하면서
낙엽 속에 그리움만 남겨놓고는
어디론가 조용히 가버립니다

그리움은 낙엽과 친구하고파
두 손을 꼬오옥 마주 잡는데
그리움을 질투하여 부는 바람은
낙엽을 이리저리 괴롭힙니다.

무겁게 눌려오는 삶의 무게에
낙엽 속에서 그리움은 안타까운데
지나는 발길에 밟혀진 낙엽은
고통의 울부짖음을 토해 놓고서
그리움의 두 손을 놓고 맙니다.

내 마음은 그리움 속에 묻혀 사는데
낙엽의 고통을 알아버린 그리움은
지나버린 날들에서 헤어나고파
가을이 남기고 간 겨울소식에

그리움은 기댈 곳을 찾아봅니다.

겨울이 가져다 줄 하얀 눈 속에
그리움은 영원히 묻혀지고파
목을 빼고 겨울을 기다립니다.
젖어오는 눈으로 기다립니다.

❦ 묘비

미국에다 마련한 남편의 안식처에 남겨둘 묘비를 만들었습니다.

황동 판의 왼쪽에는 남편의 사진을 붙이고 오른쪽에는 글을 써 넣었습니다.

OOO(1944.6.10~2005.6.2)

넘치는 사랑을 주고 간 당신께
우리들은 못다 준 사랑이 있어
서러움과 그리움을 삶 속에 담아
다시 만날 그 날을 기다립니다.

-가족 일동-

몇 개의 단어로는 내 맘속에 담겨진 모든 것을 표현할 수 없었지만, 짧게 표현한 마음을 남편 곁에 두고 왔습니다.

그래도 미국에 머무는 동안은 비가 와도 쉬지 않고 매일 '당신'

을 찾았습니다. 때로는 비를 맞으며, 때로는 우산을 쓰고, 때로는 따스한 햇볕 아래서 '당신'과 함께 하는 시간은 나에게 평안을 주었습니다.

❦ 2005년을 보내면서

'당신'을 데리고 가버린 2005년이 가고 있습니다.

제야의 종소리마저도 듣고 싶지 않습니다.

35년 동안 '당신'과 함께 들으며 덕담을 나누던 제야의 종소리가 처절한 슬픔을 토해내고 있는 것 같습니다.

'당신'으로 인한 서러움으로 뭉쳐진 2005년 일지라도 지나가지 않고 영원히 내게 남아 있었으면 좋으련만, 2005년조차 붙잡지 못하고 보내고 맙니다.

〈2005년〉

2005년은
'당신'과 함께 한
삼십오 년의 세월보다
더 기나긴 1년이었습니다.

내가 삶을 정리하는 날까지
내 가슴속에 깊게 자리할
2005년 속에

'당신'을 향한 그리움과 사랑으로
가득 채워놓고는
목으로 차오르는 설움을 꿀꺽 삼키며
이렇게 이렇게
보내 버리고 말았습니다.
다가오는 세월 속은
무엇으로 채워야 할까요?

떠오르는 태양을 기다리며
창가에 섰습니다.
이름 지어진 색깔로는 표현할 수 없는 새벽을
젖은 눈으로 바라보고 있습니다.
조여드는 마음을 이겨내고 싶습니다.
방황하는 마음을 붙잡고 싶습니다.
울먹이는 마음을 달래고 싶습니다.

〈추억 여행〉

트렁크 속에 추억을 가득 채우고
긴 여행을 준비합니다.

당신과 내가 만든 고운 추억을 보러
물 따라 길 따라 나서봅니다

섬진강 물줄기 속에
추억 보따리 하나 풀면
그 자리엔 그리움이 채워지고

동해바다 파도 속에
추억 보따리 하나 풀면
그 자리엔 긴 한숨이 내려앉고

땅끝마을 토말 탑에
추억 보따리 또 하나 풀면
그 자리는 눈물로 출렁입니다.

아직도 추억의 길은 멀기 만한데
그리움과 어우러진 눈물과 한숨은
어느새 차안 가득 채워져 버리고,
마음은 방황의 길로 들어섭니다.

❦ 나는 바보

나는 사랑을 받을 줄도 누릴 줄도 모르는 바보였습니다. '당신'의 넓은 가슴속에 가득했던 사랑을, 그것이 사랑인 줄조차 모르는 바보였습니다. 그러니 당연히 사랑을 베풀 줄도 모르는 바보일 수밖에요. 그저 부지런히 그리고 열심히 살면 되는 줄 알았으니까요.

욕심 하나로 '당신'의 생명을 연장시킬 수 있는 것은 아닌데, 힘닿는 데까지 다 해보면 연장될 것이라고 생각했던 어리석고 건방진 바보였습니다.

하나님의 스케줄을 바꾸겠다고 몸부림치던 바보였습니다.

'당신'이 떠난 지금, 그칠 줄 모르는 그리움으로 '당신'을 보내지 못하는 바보입니다. 하루에도 수없이 '당신'을 찾아 마음은 심연을 헤매고 있지만, 마음이 많이 아파서 '당신'의 사진조차 바로 쳐다 볼 수 없는 바보입니다.

사진 앞에서라도 하고 싶은 말을 마구 해보고 싶지만, 마음속으로 중얼거리고 있을 뿐 소리로 바꾸어 내지 못하고 마는 바보입니다. 그리고는 고작 "당신은 내 마음 다 알고 있겠지"라고 생각하는 바보입니다.

태양이 떠오르기 전 나뭇가지 사이로 번져오는 새벽의 색채 속에서 '당신'을 만나고, 어둠이 내려앉는 밤의 빛깔 속에서도 '당신'을 결코 놓지 못하는 나는 정녕 바보입니다.

오늘도 마음에서 그리고 눈에서 계속 흘러내리는 눈물을 멈출 줄도, 닦을 줄도 모르는 바보입니다.

떠나간 '당신'을 영원히 가슴에 묻고 사는 영원한 바보가 될 것입니다.

❦ 철새

새벽에 당신과 함께 나서서 조깅하던 논둑 길.

이맘때면 어김없이 줄지어 어디론가 날아가던 철새.

날다가 지치면 넓은 논바닥 가득히 내려 앉아 쉬고 있다가, 길잡이 새가 날아오르면 순식간에 하나 되어, 어느새 시옷자로 줄지어 산 너머로 사라지던 철새가, 올해도 창문너머로 줄지어 가고 있습니다.

논둑을 태우는 자욱한 연기가 마을을 뒤덮어 좋은 공기를 망쳐놓는다고 불평하던 계절이 다시 왔습니다.

베란다 앞에서 보이는 등산길을 오르는 사람들의 숫자가 늘어가고 있습니다. 등산객이 쓰고 지나가는 빨간색 모자가 슬퍼 보이는 이유는 아마도 당신 때문일 것입니다.

산색이 변해가면 유난히도 그 산색에 예민하고 좋아하던 당신, 변해가는 산색에 가슴이 저려 옴은 아마도 당신 때문일 것입니다.

창문 속에서 날아가던 철새들의 줄이 흩어졌다 모여집니다.

떠나는 철새가 눈물을 주고 감은 아마도 당신 때문일 것입니다.

당신 때문에, 당신 때문에….

❦ 변하는 세상

변하는 세상이 서러워 눈물이 납니다.

당신이 떠난 지 이제야 몇 달이 지났는데 내 마음은 아랑곳

하지 않고 세상은 변하고 있습니다.

도로가 새로 생기고, 버스노선이 새로 생기고, 가까운 곳에 커다란 마트도 새로 생긴답니다. 우리를 불편하게 하고 당신의 출퇴근길을 힘들게 하던 것들이 하나씩 하나씩 변해가고 있습니다.

당신과 함께 누리고 싶은 변화들입니다.

당신과 함께 하이파이브를 하며 즐거워하고 싶은 변화들입니다. 하지만 나는 당신과 함께 누리지 못함으로 인해 변하는 세상이 서럽기만 합니다.

당신과 정겨운 옛이야기로 엮을 수 없는 변화이기에 차라리 변하지 않기를 바라는 마음입니다.

불편하고 힘들어도 당신과 함께라면 그것이 더 값진 삶이기 때문입니다.

홀로 남음으로 인해 변하는 세상이 서럽기만 하지만, 가끔 당신이 삼십여 년 몸담아 온 항공사의 비행기가 하늘을 나르면 당신이 생전에 했던 것처럼, 비행기가 하늘 저쪽으로 사라질 때까지 바라보며 아직 변하지 않는 한쪽 세상에 당신을 향한 사랑과 그리움을 보태어 봅니다.

하지만, 시작만 해놓고 끝을 모르는 당신을 향한 사랑과 그리움만이 내 속에 남아, 변하는 세상을 향해, 변하는 삶을 향해 오늘도 서러움을 토해냅니다.

당신의 빈자리

당신의 빈자리에 커다란 구멍이 생겼습니다.

그 구멍을 행여 아들들이 채워줄까 생각 키워 아들들을 바라보지만, 그곳에도 가끔은 작은 구멍이 생겨납니다.

언젠가 작은아들이 이렇게 말을 했습니다.

"엄마 아빠의 사랑 충분히 알고 감사하고 있고, 그 사랑에 보답하려고 항상 애쓰며 최선을 다해 보지만, 아무리 애써도 엄마 아빠가 베풀어 준 사랑만큼 보답할 수는 없는 것 같습니다. 그래서 내리 사랑이란 말이 있는 것 같습니다. 혹시 엄마 아빠 맘에 섭섭함을 드리더라도 결코 마음이 모자라 그런 것은 아니고, 방법이 모자란 것이라 이해해 주시고, 우리가 우리 자식에게 엄마 아빠가 베풀어 주었던 사랑을 다 베풀고 있다면 그것으로 엄마 아빠를 그만큼 사랑하고 있는 것이라 생각해 주시길 바랍니다. 우리는 항상 엄마 아빠의 사랑만큼 엄마 아빠에게 베풀 수 없다는 걸 너무도 잘 알고 있습니다. 섭섭하실 때마다 우리가 우리 자식들한테 베푸는 사랑을 보아주시면 그것이 바로 엄마 아빠를 사랑하는 마음이라 믿어 주세요"라고.

내리 사랑을 알고 있다는 것만으로도 나에게는 행복이라, 아들들이 만들어 놓은 작은 구멍은 금방 메워져 버리고, 내가 베풀어 주어야 할 사랑만이 남습니다.

당신의 사랑으로만 메울 수 있는 당신의 빈자리는 무엇으로 메워 나갈 수 있을까요?

메워 나갈 방법을 모르는 구멍은 점점 커져 가서 남겨진 삶의 무게를 무겁게 무겁게 만들어 가고 있습니다.

❦ 당신을 만날 수만 있다면

예쁜 손녀 예니가 미국서 매일 전화를 걸어옵니다.

마음씨마저 예쁜 손녀는 며칠 전부터 할아버지가 보고 싶은데 왜 오시지 않느냐고 묻습니다. "할머니한테도 오시지 않아?" 그럽니다. "그래 할머니도 할아버지가 많이 보고 싶은데 안 오신다" 했더니, "할머니, 하늘이 너무 높아서 못 오시나봐" 그렇게 말하는 세살 반인 손녀가 너무 예쁘고 기특합니다.

"할아버지가 꿈에라도 오시라고 예니가 기도 해줘"라고 말했더니, "할머니 내가 기도했어"라고 대답합니다.

정말 정말, 많이 많이 보고픈데, 그리운데….

만일 지구를 걸어서 한 바퀴 돌고 나면 당신을 한 시간 동안 만나게 해준다면, 나는 그 한 시간을 위해 시베리아 벌판도, 사하라 사막도 걸어가겠습니다.

만일 그 한 시간을 위해서 벙어리가 되라면 나는 벙어리라도 되겠습니다.

그 한 시간을 위해서 재산을 다 내놓으라면 그것도 다 내어 놓겠습니다.

그러나 당신을 바라볼 눈만은 내어 놓을 수 없습니다.

말을 할 수는 없다 해도, 눈으로 당신을 바라보고, 눈으로 마음을 열어 보이고, 눈으로 내 그리움을 말해야 하니까요.

그리움이 있는 한 내가 가진 모든 것은 사치인 것 같습니다.

그리움 속에 사무친 마음은 어떤 위로도 필요하지 않습니다.

만날 수 있는 시간이 한 시간이라면, 나는 그 시간 동안 절대로 눈물을 흘리지 않으렵니다. 눈을 크게 뜨고 당신의 모습 구석구석 다 보아야 하니까요.

머리는 길어지지 않았나? 머리가 더 빠지지는 않았나? 체중조절은 잘 하고 있나? 나를 그리워하다 여위어 버린 것은 아닐까? 다 보아야 하는데 눈물이 담겨진 눈으론 깨끗하게 볼 수가 없을 테니까요.

아마도 당신을 만나러 가는 동안에 너무 많이 울어서 더 이상 흐를 눈물도 없을 것 같습니다.

누군가가 그럽니다. 정말 사랑하는 사람에게는 꿈에조차 나타나지 않는다고….

나를 위로하는 말이려니 하지만, 정말 아직도 나를 사랑해서 꿈에조차 나타날 수 없는지요?

꿈에 찾아 헤매다 눈물로 아침을 열곤 합니다.

길고 차가운 겨울 밤, "만일 당신을 한 시간만 만날 수 있다면…" 하고 생각해 보는 것이라도 나에게는 행복입니다.

잠시 스쳐가는 행복 뒤에 저린 아픔이, 당신 그리는 마음 위로 소복이 쌓여갑니다.